GLÜCK

Klaus Pünder

GLÜCK

Annäherung
an eine
vielschichtige Sehnsucht

Adamas Verlag

Gewidmet

meiner Frau, die aufgrund meiner
zeitweise zu intensiven Beschäftigung mit dem Glück
manchmal unglücklich war.

Gedankt sei

allen konstruktiven Kritikern, die dafür sorgten, dass ich
nicht abhebe oder mich ins akademische Nirwana katapul-
tiere. Besonderen Dank an Konny Schmid, die nach zehn
Versionen Tippen Blutblasen an den Fingerkuppen bekam.
Konrad Jungmann danke ich für sein mühsames Unterfan-
gen, meinen „unbändigen sprachlichen élan vital zu do-
mestizieren". Sodann herzlichen Dank an Michael Suttner,
Irene Schneider und Gertraud Anderle, die meine luziden
Intervalle in der Mittagspause abschirmten.

© 2000 by Klaus Pünder, Kümmersbruck
© 2000 by Adamas Verlag GmbH Köln
Paulistraße 22, D-50933 Köln
Umschlaggestaltung: Ignaz Brosa
Titelbild: Paul Cézanne, Ruhender Knabe, um 1882,
Los Angeles, Hammer Museum of Art and Cultural Center
Satz: Berger Grafikpartner GmbH, Köln
Druck und Bindung: Clausen & Bosse, Leck

ISBN 3 925746 85 4

Inhaltsverzeichnis

Einführung

Glück – alle menschliche Sehnsucht drückt sich in diesen fünf Buchstaben aus. Dennoch weiß keiner genau, was Glück ist und wie man es erreicht. Gibt es überhaupt so etwas wie ein glückliches, rechtes, gelingendes Leben?

Während früher kollektive Lebenskonzepte vorgesetzt und fraglos hingenommen wurden, ist dies heute anders: Das Individuum will sein Glück selbst basteln. Das ist gut so, aber auch mühsam, denn im Pluralismus ist Orientierung sehr schwer geworden. Der Umgang mit der Freiheit ist eine Kunst, die viele überfordert. Überinformation bei Unterorientierung führt oft zu Verwirrung und dann zu Verirrung. Die meisten stehen ratlos, sogar ängstlich vor der Überfülle an Lebensmöglichkeiten. Die Biographie gleicht dann leicht einer Collage, die Soziologen sprechen von einer „patchwork"-Identität.

Leichte Umwege und Irrwege zum Glück mögen harmlos sein – man kann sich ja emporirren. Manchmal jedoch sind die Suchbewegungen so bizarr, dass handfeste Eckdaten wünschenswert wären, gewissermaßen zur Schadensbegrenzung. Das ist hier der Ausgangspunkt: Da man nicht auf alle guten Ideen selbst kommen kann, ist die Kenntnis bewährter Glücksstrategien klug.

So gehe ich also seit vielen Jahren mit nicht nachlassender Faszination systematisch auf die Suche nach allem, was über das Glück geschrieben steht.

Die meisten Bücher haben einen psychologischen Ansatz, gefolgt von Werken mit philosophischer oder theologischer Perspektive. Keine Fachdisziplin jedoch kann das Glück für sich alleine pachten. Die Wahrheit verdichtet sich vielmehr an den Schnittpunkten der Einzelwissenschaften. Psychologie ausschließlich wäre tendenziell zu seelenlos, Philosophie zu alltagsfern, Theologie zu vorschnell gläubig und Esoterik zu intuitiv-phantastisch. Glück lässt sich daher treffender bestimmen, wenn man sich interdisziplinär heranpirscht.

Auch Spruchweisheiten als komprimierte praktische Lebensphilosophie werden herangezogen. Sie zählen zum ältesten Literaturgut aller Völker. Es fasziniert geistreiche Kurzprosa, die schlagartig Perspektivenwechsel erzeugen kann. Auch wenn Sprüche den Anschein von Gemeinplätzen haben, verdienen sie dennoch als jahrhundertelang aufgespeicherte Weisheit Respekt. Der Schnee von gestern ist das Wasser von heute.

Zurück zum Glück: Allmählich ist aus dem ursprünglichen Gewirr von Tatsachen und aus dem Knäuel von Meinungen ein zunehmend handfestes Gebilde entstanden, das ich in Form dieser Basislektüre vorstellen möchte.

Viel Glück bei der Lektüre!

1 Welches Glück?

**Für das Glück gibt es keinen Schlüssel,
sondern einen Schlüsselbund.**

Zunächst eine wichtige Vorbemerkung: In diesem
Büchlein ist weniger das kurze, meist zufällige
Glück als euphorisch-ekstatische Hochstimmung
gemeint, als vielmehr das stabile Glück im Sinne
einer freudigen Grundstimmung als Folge- und
Begleiterscheinung eines „guten, gelingenden"
Lebens. Es geht also weniger um einzelne punktuelle Positivereignisse als vielmehr um das Lebensglück als Ganzes.

Gibt es überhaupt Glück?

Der prominenteste Vertreter, der diese Frage verneint hat, ist S. Freud: Er behauptete, Glück sei im Schöpfungsplan nicht vorgesehen, es gebe nur laues Behagen. Grund für diese Aussage war Freuds einseitig sensualistisch-biologistischer Glücksbegriff: Er hielt Glück für die plötzliche Befriedigung aufgestauter Bedürfnisse. Fasst man den Begriff jedoch weiter, so ist mehr möglich: Glück im Sinne eines zufriedenen Lebens sollte man sich von niemandem ausreden lassen. Wer kennt nicht wenigstens ein paar glückliche Menschen? Sind das nicht lebende Beweise?

> ➢ *Viele wissen, dass sie unglücklich sind,*
> *aber noch mehr wissen nicht,*
> *dass sie glücklich sein könnten* (A. Schweitzer).

Wer sucht Glück?

Jeder Mensch ohne Ausnahme – mehr oder weniger bewusst. Kein Philosoph hat dies ernsthaft bestritten. Jeder ist ein Glücksbastler; jede Biographie kann als Aufzeichnung von Erfolgen und Irrtümern eines Menschen aufgefasst werden, seine Glücksvorstellungen zu realisieren. Das ganze Leben kann man als „laboratorium beatitudinis", als Glückslabor, wie E. Bloch es nannte, auffassen. Es ist nicht irgendeine menschliche Äußerung unter anderen, sondern deren elementarster Antrieb. Kurz: Das Glücksstreben ist eine anthropologische Konstante.

> ➢ *Wer auf das Glücklichsein verzichtet,*
> *erfüllt sein Dasein nicht* (M. Marcuse).
> ➢ *Die Frage nach dem rechten glücklichen Leben*
> *ist die einzige, die das Denken wirklich lohnt* (R. Musil).

Zur Definierbarkeit des Glücks

Je mehr man über das Glück weiß, desto schillernder wird der Begriff. Er zeigt dann eine Komplexität, die sich einer schlichten Formel entzieht und deren Ursache in der vermutlich genauso komplexen Natur des Menschen liegt. Obwohl Glück ein unpräzises Wort ist, das in Märchen vorkommt, versteht man es dennoch sofort gefühlsmäßig. Durch seinen goldenen, herzhaften Gehalt wirkt es geradezu magisch und wird deshalb nie untergehen.

Soll man nun auf rationale Definitionsversuche verzichten? Nein, denn wer den Begriff gar nicht reflektiert, läuft Gefahr, dass ihm Glücksvorstellungen der Wirtschaft (Konsum) und der Weltanschauungen übergestülpt werden. Vor solchen manipulativen Vereinnahmungen sollte das Glück geschützt werden.

Klüger ist es, das Glück immer neu zu bestimmen im Rahmen eines lebenslangen Prozesses von Bildung und Selbstfindung. Im Zentrum soll die Kernfrage bleiben: Was sind die Wesensmerkmale oder gar Gesetzmäßigkeiten des Glücks?

Bei einer so komplexen Sache entstehen recht viele Ansätze: Schon vor 2000 Jahren nannte der römische Gelehrte Varro 288 verschiedene Ansichten über das Glück. Die 1995 erschienene „Bibliography of Happiness" enthält 2472 Untersuchungen über das Glück, ein schillernd vielschichtiges Spektrum also. Was macht man nun mit diesem Chaos? Wünschenswert wäre ein integratives Konzept, eine ganzheitliche Anthropologie des Glücks, zu der alle Humanwissenschaften beitrügen.

☺ Einige sagen, dass Glücksdefinitionen so zahlreich sind wie Menschen, die sich damit befasst haben.

Der Schlüsselbund

Als handhabbarer Ansatz sei vorgeschlagen, Glück zunächst als Summe folgender Einzelfaktoren anzusehen:

- Zufalls-Glück (Schicksal)
- Lust, Vergnügen
- Zufriedenheit
- Freude
- Selbstverwirklichung, Persönlichkeitsentwicklung
- Sinnerfüllung
- Glückseligkeit

Jede einzelne Facette fühlt sich anders an, und ihre Summe könnte als inneres Äquivalent von Glück gelten.

Glück haben und glücklich sein

Zum Zufallsglück sagt die deutsche Sprache Glück *haben* im Gegensatz zum glücklich *sein*. Ein Dichter ließ auf seinen Grabstein meißeln: *Er hat in seinem Leben viel Glück gehabt und ist doch nie glücklich gewesen.* Viele Sprachen haben für jede Kategorie ein eigenes Wort: Englisch: luck – happiness; Französisch: chance – beatitude. Wie ist das Zufallsglück zu würdigen? Wäre das Gegenteil, eine völlig berechenbare Welt ohne Überraschungen, glücklicher? Das wagen die meisten zu bezweifeln: Die Welt wäre zwar sicher, aber entzaubert. Möge also weiterhin Fortuna walten, die antike Schicksalsgöttin, die Wankelmütige, die heute gibt, was sie morgen nimmt. Noch ein Grund, der für den Zufall spricht: Er ist die ausgleichende Chance der weniger Tüchtigen und Begabten.

Nett sagt es der Bayer:
☺ *Das Glück ist ein Rindvieh und sucht seinesgleichen.*

2 Ist Glück machbar?

Anlage	**Umwelt**
Zufall Schicksal (Gnade?)	**Anstrengung** freier Wille

**Glück ist eine Mischung aus
Anstrengung und Gnade.**

Ist das Glück reine Glückssache oder kann man es
machen? Ist es Zufall oder Anstrengung? Die Wahrheit liegt sicherlich in der Mitte. Doch zwei weitere
äußere Faktoren beeinflussen unser Glück: Anlage
und Umwelt. Mit Anlage ist konkret das Bukett der
Gehirnbotenstoffe (Stimmungslage) gemeint, und das
wichtigste Moment des Umweltfaktors ist die frühe
Kindheit. Die Strategie eines Glückskonzeptes könnte
die systematische Ausdehnung des vierten Feldes sein
(Anstrengung und freier Wille).

Anlage und Umwelt

Die Neurowissenschaften haben in den letzten Jahren große Fortschritte gemacht: High-Tech-Geräte können das Innere des Gehirns fotografieren. Für das Glück wesentlich wurden zwei erbsengroße Teile des Gehirns ausgemacht: Die Mandelkerne. Dort entstehen alle Emotionen, also auch die Glücksgefühle.

Bestimmte Gene bestimmen die Konzentration der Gehirnbotenstoffe (Neurotransmitter) Dopamin und Serotonin, die die Stimmungslage beeinflussen.

Die Zwillingsforschung bestätigt diese These: Der amerikanische Wissenschaftler D. Lykken untersuchte 750 eineiige Zwillingspaare, die, obwohl in verschiedenen sozialen Milieus aufgewachsen, verblüffend ähnliche Stimmungslagen zeigten. Wer optimistische Eltern hat, hat gute Chancen, ebenfalls eine Frohnatur zu werden.

Wie sind diese spektakulären Befunde philosophisch zu würdigen? Ist das nicht zutiefst ungerecht? Womit haben die chronisch gut Gelaunten, die Naturtalente des Glücks, es verdient, einen optimalen Serotonin-Spiegel vererbt zu bekommen? Müssen sie vielleicht dafür im Leben auch mehr Glück geben? Hat R. Guardini Recht, wenn er den schwermütigen Melancholikern zum Ausgleich für einen gestörten Serotoninspiegel besonderen Zugang zu tiefsinnigen Glücksquellen (Kunst, Musik, Dichtung, Mystik) zutraut, oder ist das „fahrlässige Tröstung"?

> ➤ *Schwermütiger Weltschmerz ist das Los tiefer Seelen.*

> ➤ *Melancholie ist das Vergnügen,*
> *traurig zu sein* (V. Hugo).

Zur Machbarkeit des Glücks

Brauchbare Kniffe, das Bukett der Hirnbotenstoffe günstig zu modulieren sind körperliche Bewegung, Bananen (Casomorphin), Schokolade (Andamin), Johanniskraut, Licht (im Winter), Riesling-Wein, ausreichend Schlaf und die Farben Orangerot und Gelb.

Nun zu *Verhalten und Einstellung*: Alle kennen das Sprichwort des römischen Konsuls A. Claudius:

> ➢ *Jeder ist seines Glückes Schmied.*

Es ist zwar falsch, wenn man es absolut setzt, aber goldrichtig, wenn man die unverfügbaren Glücksanteile anerkennt. Viele Sprichwörter und Mythen betonen den einen oder den anderen Teil:

➢ *Jeder kann Fortuna ins Rad greifen.*

➢ *Glück hat auf die Dauer nur der Tüchtige.*

➢ *Fortunas Rad dreht sich – das haben Räder so an sich.*

➢ *Glück ist flüchtig wie ein Reh.*

Obiges Diagramm impliziert, dass der Eigenanteil des Glücks ausgedehnt werden kann und soll. Die Leistungsgesellschaft übertreibt dies jedoch: Sie suggeriert die Machbarkeit des Glücks und kommerzialisiert es. Aber: Das Modell der hundertprozentigen Planung, nach der sich das Lebensglück permanent steigern ließe, kann nicht aufgehen. Das Leben wird immer eine Gleichung mit vielen Unbekannten bleiben. Da der Mensch aber als *homo faber* ein Macher ist, sind ihm diese unbeeinflussbaren Anteile des Glücks nicht ganz geheuer. Wahnwitzig will er Zufall und Zukunft auch noch in den Griff kriegen, was sich an der Konjunktur von Horoskopen, Astrologen und Wahrsagern ablesen lässt.

Fazit

Glück ist teils machbar, teils Zufall oder Schicksal.

> *Virtute duce, comite fortuna!*

Frei übersetzt: Geführt von der eigenen Leistungsfähigkeit, begleitet von der glücklichen Fügung. Aufgrund der unverfügbaren Glücksfaktoren beinhaltet die richtige Haltung dem Glück gegenüber eine Portion gelassene Distanziertheit. Denn es ist sehr wahrscheinlich, dass man im Leben *Un*wahrscheinliches erlebt.

Und dennoch: Obwohl Glück sich nicht zwingen lässt, soll und darf man es durchaus einladen. Es möchte umworben sein.

> *Ein wenig Hilfe will das Glück schon haben.*

Wer sein Glück mehren will, sollte dessen Eckdaten kennen:

> *Das Glück bevorzugt den vorbereiteten Geist.*
> (L. Pasteur)

☺ Verdichtet

Auf der Jagd nach dem Glück sind wir alle am Start,
gewappnet ein Jeder auf eigene Art.
Vergleichbar mit manch einem sportlichen Spiel,
wer einseitig vorgeht, kommt selten zum Ziel.
Und wer nicht will vorzeitig raus aus dem Rennen,
muss selbstredend vorher die Spielregeln kennen.
Wer all das beherzigt und rechnet mit Tücken,
dem, so behaupte ich, dem kann es glücken.

3 Ist Glück rein subjektiv?

Wachstums-Bedürfnisse	Spiritualität	Gott, Sinn, Liebe, Moral GWS = das Gute, Wahre, Schöne
	Persönlichkeit	Bildung, Weisheit Kreativität, Kultur
Soziale Bedürfnisse	Geltung	Selbstachtung Fremdachtung
	Kontakt	Geselligkeit, Freundschaft, Erotik, Geborgenheit
Grund-Bedürfnisse	Sicherheit	Gesundheit Arbeitsplatz
	Physiologie	Ernährung, Sexualität, Selbsterhaltung

> **Ich glaube, dass Glück letzten Endes ein Indikator der Stufen der Selbstverwirklichung ist.**
> **(C. F. v. Weizsäcker)**

Obwohl Glück hochsubjektiv ist, hat es auch objektive Anteile, die bei allen Menschen zu finden sind. Z.B. haben alle Menschen das Bedürfnis nach einer gesicherten Lebensgrundlage, nach Bezogenheit, Liebe, Anerkennung und nach Selbstverwirklichung. Bei der Realisierung innerhalb dieser Bedürfnisgruppen wimmelt es jedoch von subjektiven Varianten. Zudem wandelt sich bei ein und demselben Menschen die Glückshierarchie.

Hierarchie der Bedürfnisse

Die voranstehende Tabelle geht auf das bekannte Konzept des humanistischen Psychologen A. Maslow (1945) zurück. Er stellte nicht nur die Bedürfnisgruppen auf, sondern vertritt die These, dass der Mensch der Reihe nach von unteren zu höheren Bedürfnisstufen emporwächst. Das Glück der unteren Stufen ist eher biologisch-lustvoll, das der oberen Stufen eher geistig-erfüllend. Wie hoch man in der Hierarchie der Bedürfnisse aufsteigt, ist von zig Faktoren abhängig: Ob man z.b. von der Anlage her ein einfach strukturierter Typ oder eher ein wählerischer Schöngeist ist. Genauso spielen Umweltbedingungen wie Lernprozesse, Schulbildung, Milieu und geistige Anregung eine Rolle. Es ist nicht so wichtig, wie differenziert das Niveau ist, auf dem das individuelle Glück empfunden wird. Wichtig ist, dass jeder, gemessen an seinen subjektiven Möglichkeiten, vorankommt.

Nach Maslow kommt der Drang nach Kultur, Bildung, Ganzheit, Sinn und Religion erst in reiferen Lebensabschnitten. Erst dann wächst das Bedürfnis, sein Leben bewusst zu führen und der Sinnfrage näher zu kommen. Gleichzeitig rutschen punktuelle Lustereignisse in den Hintergrund. Wurden höhere Bedürfnisse einmal aktiviert, so können sie eine so starke Bedeutung erhalten, dass sie durch unbefriedigte niedrige Bedürfnisse nicht mehr so leicht blockiert werden. Maslow kann nicht sicher erklären, wieso so häufig nach der Stufe der sozialen Bedürfnisse ein Wachstumsstop eintritt. Die meisten Menschen der Ersten Welt bleiben nämlich beim Geld-Verdienen und im „Prestige-Zirkus" hängen. Es resultieren daraus Langeweile, Sinnlosigkeitsgefühle und Identitätskrisen.

Subjektivität des Glücks

Gäbe es ein allgemeingültiges, objektives Glücksrezept, wären viel mehr Menschen glücklich. Was für den einen der richtige Weg zum Glück ist, kann für den anderen der falsche sein. Dem Glück kann sich jeder von verschiedenen Seiten nähern. Dies ist richtig so, denn unterschiedliche Anlagen und Milieus verlangen individuelle Antworten. Die Subjektivität von Glücksprofilen ist als adäquate Konsequenz der Unterschiedlichkeit und der Freiheit der Menschen anzusehen.

Glück heißt weglassen, was nicht wirklich zu einem passt, und entfalten, was individuell angelegt ist.

> ➤ *Man kann nur jemand sein,*
> *wenn man damit aufhört, alles zu sein.*

Die faktische Grenze des subjektiven Glücks ist das gleiche subjektive Glücksstreben der anderen: Man kommt sich gegenseitig in die Quere und muss nach normativ-objektiven Kriterien suchen, aufgrund deren man sich einigen kann. Bei diesem Prozess wird man illusionäres vom „wahren" Glück zu unterscheiden versuchen. Je normativer, objektiver, ethischer man dabei wird, desto mehr entfernt man sich vom ursprünglichen, spontanen, subjektiven Glück. Die Gebote der Gerechtigkeit relativieren das eigene Glücksstreben unerbittlich. Mit anderen Worten: Je mehr man sich dem Allgemeinwohl verpflichtet fühlt, desto mehr muss man auf individuelle Vorlieben verzichten. Da das Glück aber der *subjektiven* Seite nähersteht, kann ein Ethiker (besonders I. Kant), der das *objektive* Moment im Auge hat, wenig mit dem Glücksbegriff anfangen.

Objektivität des Glücks

Trotz der Vielschichtigkeit des Glücksbegriffs soll man nicht aufhören, eine Begriffserhellung zu versuchen.

Was also haben die Denktraditionen und Wissenschaften herausgefunden?

Die griechische Antike begann stark: Viele philosophische Konzepte waren glücksuchend. Verblüffenderweise wurden diese klassisch-altehrwürdigen Glückstheorien der Antike nicht weitergeführt. Nach den Kirchenvätern rutschte der Glücksbegriff immer weiter aus dem Zentrum. Der deutsche Philosoph Kant zog den Begriff der Pflicht vor. In England wurde die Glücksphilosophie wieder durch Bentham und Mill unter dem Namen Utilitarismus aufgegriffen.

Danach war wieder für viele Jahre Flaute: Z.B. fehlt im Herder-Lexikon der Psychologie das Stichwort *Glück*! Hinter „Glotzauge" müsste es stehen. Obwohl alle Menschen Glück wollen, scheint keiner Bescheid zu wissen. Schon der alte Seneca wunderte sich über diese Kluft zwischen Wunsch und Wissen.

Erst seit relativ kurzer Zeit werden Glück und Lebenskunst wieder durch die Soziologie als Lebensqualitätsforschung aufgegriffen. Die Psychologie fasst das Glück indirekt als Bedürfnisforschung und als Ausdruck psychischer Gesundheit. Professor A. Bellebaum gründete 1989 in Vallendar bei Koblenz das Institut für Glücksforschung (IfG), dessen Bekanntheitsgrad jährlich wächst.

☺ *Was des einen Verdruss, ist des andern Genuss:*

R. Messner z.B. scheint sich nur über 8000 Metern wohl zu fühlen.

4 Lust gegen Freude?

LUST	**FREUDE**
körperlich-sinnlich schrill, intensiv	geistig-seelisch still, tief
Metapher: Feuerwerk	Metapher: Sonnenaufgang
leicht herstellbar **+**	**—** schwer zu erarbeiten
flüchtig, abschwächbar **—**	**+** stabil, dauerhaft

Wer nie genießt, ist ungenießbar. Und:
Lust ist nicht der Sinn selbst, sondern sein Zeichen.

Beide Glücks-Kategorien sind gut, keine darf gegen die andere ausgespielt werden. Das Glück der Lust (Spaß, Vergnügen) ist eher etwas Äußeres, es ist körpernäher und sinnlicher, während das Glück der Freude eher etwas Inneres, enger mit Persönlichkeit, Geist und Seele Verwobenes ist. Lust hat den großen Vorteil der leichten Herstellbarkeit, während die Stärke der Freude auf ihrer Stabilität und Unerschütterlichkeit beruht. Leider ist es ein mühsamer Prozess, diese Stufe zu erlangen.

Lust und Freude

Das Glück der Freude findet sich vorwiegend bei geistig reichen, integrierten Persönlichkeiten. Es ist stabil und dauerhaft. Sinnliche Lust dagegen ist eher im gegenwärtigen Augenblick anwesend und flacht durch Gewöhnung ab. Das geistige Glück der Freude hat den großen Vorteil, dass sie Lust einschließen kann, was umgekehrt seltener gelingt. Eine freudige Grundstimmung ist der beste Nährboden, genussvolle Ereignisse wirklich als solche zu erleben. Freude ist daher der zuverlässigere Glücksindikator.

> ➢ *Das wahre Glück, das Eigentum der Weisen,*
> *steht fest, indes Fortunens Kugel rollt.*
> (Ch. M. Wieland)

Die Grundlage der Freude kann so solide sein, dass sie relativ unabhängig von äußeren Ereignissen bestehen kann. So können z.B. Krankheit und Ärger zusammen mit einer innerlich tragenden Heiterkeit einhergehen.

Das Verhältnis zwischen Lust und Freude ist *kompensatorisch*: Was einem Menschen an Tiefe fehlt, versucht er durch Breite wettzumachen. Wer sich das komplexe Gebilde der Freude nicht aufbauen kann, der versucht, dieses Defizit durch leichter herstellbare Vergnügungen aller Art zu ersetzen. Wer in seinem Streben nach einem Lebensinhalt enttäuscht wird, in dem bricht ein Trieb nach Vergnügen auf. Diese Phänomene sind beim modernen Menschen zunehmend festzustellen.

Hedonismus

Die Unterscheidung zwischen Lust und Freude geht auf antikes Gedankengut zurück. Hedonismus ist die von dem Sokrates-Schüler Aristipp (400 v. Chr.) begründete ethische Lehre, nach der Lust und Vergnügen der oberste Wert menschlichen Strebens seien. Wie ist dieses Konzept der Lustmaximierung zu bewerten? Sicher kann Lust gut sein, nur ihre Verabsolutierung zum ausschließlichen Lebenssinn ist ein Reduktionismus, der allerdings in der heutigen Zeit sehr verbreitet ist.

Der Urschrei der Postmoderne lautet:

> *Wir wollen alles und das sofort.*

R. Spaemann bezeichnet den Hedonismus als „Fanatismus der Leidenschaft", was Leiden schafft.
Hedonismus kennt keinen Triebaufschub und Verzicht. Während gelegentliches Ausschweifen anregen kann, führt permanentes in die Dekadenz. Permanente Genusssucht macht unglücklich, weil die Bedürfnisse schneller wachsen als die Befriedigungen. Der Hedonismus wurde durch den Eudämonismus entscheidend korrigiert.

☺ Motto der Hedonisten:
> *Versuchungen sollte man nachgeben,*
> *wer weiß, wann sie wiederkommen.*

> *Lieber eine Nacht versumpfen,*
> *als im Sumpf zu übernachten.*

Eudämonismus

Vereinfacht gesagt, will der Eudämonist zur Lust die Freude hinzuholen. Der Mensch ist ein mehrstufiges Wesen. Der Eudämonismus ist keine Absage an die Lust, sondern eine Zugabe. Der Begründer Epikur (300 v. Chr.) sagte, man solle ruhig seinem Vergnügen nachgehen, aber nur, wenn es die seelische Ausgeglichenheit nicht gefährde. Kurz: Genuss bleibt ein Muss, aber mit einer Reihe von klugen Einschränkungen.

> ➢ *Nicht jede Lust wählen wir,*
> *nicht jeden Schmerz meiden wir* (Epikur).

Der Leitbegriff war *ataraxia*, was Unerschütterlichkeit oder souveräne Distanziertheit meint. (Ataraxia darf nicht mit einem anderen Begriff der späteren Stoa verwechselt werden, nämlich *apatheia*: Diese meint Leidenschaftslosigkeit und wird von vielen Psychologen kritisiert, weil aus apatheia leicht teilnahmslose Gleichgültigkeit wird.)

Da der Hedonist keinen großen Sinn sieht, bleibt ihm nur der Genuss punktueller Lustereignisse. Ein solches Glück, das in der ausschließlichen Gegenwartsbezogenheit steckenbleibt, wird schnell armselig. Epikur war auch moralischer, weil er sah, dass egoistischer Hedonismus langfristig ruinös ist und einsam macht. Von einer reinen Pflichtmoral war Epikur weit entfernt, er verband Sinn- mit Sittlichkeit. Es ist kein Widerspruch, das Leben zu genießen und sich gleichzeitig für Freundschaften, Werte und Ideale zu engagieren.

5 Das Glück erjagen?

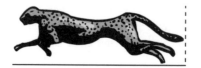

Wer das Glück zu sehr jagt, verjagt es.

Wer sein Glück nicht sucht, der versäumt es. Es
jedoch zu heftig suchen, ist genauso falsch: Die
Gefahr des Glücksstrebens liegt in ihrer Übertrei-
bung, d.h., wer um jeden Preis glücklich werden
will, wird unglücklich. Sein Leben ist zwar voll,
aber nicht erfüllt. Der Gesichtsausdruck von
Glücksjägern zeigt nicht selten eine Spur Ver-
zweiflung, freilich versteckt unter der „Smiling"-
Fassade. Da sie dem Leben im Ganzen keinen
Sinn abgewinnen können, sind die punktuellen
Glücksereignisse ein verständlicher, wenn auch
nur billiger Trost vor der letzten Trostlosigkeit.
Mehr Chancen auf Glück hat der, der es als Begleiterscheinung wahren Handelns auffasst. Sich
darauf konzentrierend, kommt das Glück sekun-
där en passant hinzu. Glück ist nicht Wirkung,
sondern Nebenwirkung.

Das hedonistische Paradox

Das Glücksgefühl lässt sich nicht willentlich herbeiführen, und das, obwohl es total dem Wunsch und Willen des Menschen entspricht. Das ist das hedonistische Paradox: Glück realisiert sich eher dann, wenn man es nicht primär im Visier hat. Also: Vor lauter Glücklichsein-Wollen kann man dem Glück auch im Wege stehen. Zuviel Reflexion behindert es geradezu. Der unbedingte Wille zum Glück schlägt dann ins Gegenteil um, weil die Erwartung enttäuscht wird. Die Glücksjagd kann zum Zwang werden. Man wird zum Gefangenen seiner eigenen Beute. Vor lauter Sorge, das Glück nicht optimiert zu haben, wird man unglücklich.

Also: Man kann Glück nicht herbeizwingen, sondern nur hoffen, dass es sich einstellt.

Glücksjagd

> ➤ *So lange Du nach dem Glück jagst,*
> *bist Du nicht reif zum Glücklichsein.*
> (H. Hesse)

> ➤ *Das Glück erjagen ist so, als wolle man*
> *den Wind anhalte.*
> (Arabisches Sprichwort)

> ➤ *Glück ist das Wissen, dass man es nicht*
> *unbedingt direkt braucht.*

Das Glücksstreben aufgeben?

Das wäre eine überschießende Reaktion. Der kategorische Verzicht auf Glücksmöglichkeiten (besonders in Erlebnisgesellschaften) wäre nur mit unmenschlicher Disziplin durchzuhalten. Man kann ruhig bewusst und gezielt seine Aktivitäten auf etwas richten, mit dem man gewohnheitsmäßig glückliche Empfindungen verbindet. Nur die Erwartungshaltung, dass dann das Glück zwingend kommen muss, darf nicht zu forciert sein! Man darf höchstens darauf hoffen. Glück lässt sich nicht befehlen! Man sorgt nur für günstige Bedingungen. Glück hat ein unverfügbares Moment, welches von dankbaren Menschen als Geschenk oder gar Gnade empfunden wird.

> ➢ *Wenn Du dem Glück nachjagst,*
> *wirst Du es nicht finden.*
> *Du kannst Dich aber öffnen,*
> *damit das Glück Dich findet.*

> ➢ *Glück stellt sich nur ein,*
> *wenn wir keine Bedingungen stellen.*
> (A. Rubinstein)

> ➢ *Happiness: In order to get it,*
> *you must forget it.*

> ☺ Wer sich dem Glück nicht öffnet,
> der macht sein Glück,
> ohne dass es ihn glücklich macht.

Glück als Begleiterscheinung

> ➤ *Um das Glück zu finden,*
> *muss man nach etwas anderem*
> *als nach ihm suchen* (M. Proust).

Der Durstige z.B. will nicht Glück, sondern etwas zu trinken. Und wenn er dies bekommt, ist er glücklich. Glück findet man nicht direkt, sondern als Begleiterscheinung von etwas objektiv Richtigem und moralisch Gutem. Wo jemand sein Leben an Wahrheit und Güte ausrichtet, da taucht Glück als Zugabe auf. Es stellt sich also weniger ein, wenn man direkt ans Glück denkt, als vielmehr, wenn man sich für eine gute Sache, einen Wert oder einen Menschen engagiert. Das Leben bringt einem Frucht, wo man dem Leben hilft, fruchtbar zu sein. Der Kirchenlehrer Thomas v. Aquin hielt Glück für keine Tugend, sondern für die Frucht von Tugenden.

> ➤ *Die Lust qualifiziert nicht die Handlung, sondern umgekehrt: Niemand bejaht mit gutem Gewissen eine Lust um den Preis einer beschämenden Handlung* (R. Spaemann).

Glück und Sinn

Für den Zusammenhang von Glück und Sinn gilt ähnliches: Der Sinn hat Priorität. Der Philosoph N. Hartmann kam zu folgendem geistreichen Satz:

> ➤ *Etwas ist nicht sinnvoll, weil es beglückt,*
> *sondern umgekehrt, es beglückt,*
> *weil es sinnvoll ist* (N. Hartmann).

6 Was ist Lebenskunst?

> **Glück ist Scharfsinn für die Gelegenheit und die Fähigkeit, sie zu nutzen (S. Goldwyn).**

Da die objektive Situation nur ein potentieller Glücksanlass ist, muss die noch wichtigere subjektive innere Einstellung hinzukommen. Lebenskunst ist die gelungene Wechselwirkung zwischen innerer Einstellung und äußeren Umständen. Durch Wachsamkeit, Optimismus und flexible Zielanpassung ist aus Gegebenheiten das Beste zu machen. Lebenskünstler führen nicht nur ihr Leben, sondern meistern es. Sie erwarten viel vom Glück, aber arbeiten auch viel daran. Zwei Dinge gelingen dem Lebenskünstler besonders gut: Der Alltag und das Schicksal.

> ➢ *Glück ist Talent fürs Schicksal* (Novalis).

Der Alltag

entzieht sich wegen seiner scheinbaren Banalität der Aufmerksamkeit. Da er aber den größten Teil der Zeit ausmacht, ist es hochbedeutsam, ihn für das Glück zu gewinnen. Der Alltag sollte sich besser anfühlen als laues Behagen. Woraus besteht nun das Alltägliche? Aus *Kleinigkeiten*! Das Besondere zu lieben ist ja einfach. Psychologische Untersuchungen bestätigen: Nicht dem Mega-Kick entgegenfiebern (große Liebe, Karrieresprung, Killerwal am Bauch killern), die Häufigkeit kleiner, meist häuslicher Ereignisse ist glücksträchtiger. Ein schönes Wortspiel:

> ➢ *Wer die Welt nicht zu Hause findet,*
> *wird in der Welt kein Zuhause finden.*

> ➢ *Leben ist das, was passiert, während man*
> *auf die Erfüllung großer Träume wartet.*

Es ist schwer, den Pulsschlag des Lebens unter dem dicken Fell des Alltags zu spüren. Nur der Wache entdeckt das Besondere hinter dem Banalen, durchbricht das Vordergründige des Alltäglichen. Ein blauer Himmel, ein Duft, Vogelgezwitscher, Rosen, heitere Kinderaugen: Das sind die Kleinigkeiten, die der Pessimist regelmäßig übersieht und die den Lebenskünstler ansprechen. Kann das jeder erreichen? Oder ist eine solche Befindlichkeit ein reifes Spätprodukt? Schwer zu sagen. Eine gesunde Selbstbejahung und ein fester Glaube an das große Ganze scheinen jedoch die Voraussetzung zu sein.

> ➢ *Mancher versäumt das kleine Glück,*
> *während er vergeblich auf das große wartet.*
> *Gib jedem Tag seinen Tropfen Freude!* (P. S. Buck).

Das positive Schicksal

Das *offensichtlich* positive Schicksal ist geschenkartig und intensiv.

Das *versteckt* positive Schicksal verlangt Wachsamkeit und beherztes Zupacken. Diese Eigenschaften besitzt der Lebenskünstler als Meister des Chancenglücks reichlich.

> ➢ *Fliegt dir das Glück einmal vorbei,*
> *so fass es beim Zipfel!* (H. Heine).

Das negative Schicksal

wollen Sicherheitsfanatiker durch perfektes Planen ausschließen. Vollendetes Glück ist jedoch so unwahrscheinlich, dass man es besser gar nicht versucht. Glücksträchtiger ist die Hoffnung auf nette Zufälle. Im Bemühen, sich ein sorgenfreies Leben einzurichten, machen sich viele die meisten Sorgen.

Ein weiteres Hindernis, etwas zu riskieren, ist die Angst vor dem Leid. Sie vertreibt die Freude, die das Leid bezwingen kann. Und überhaupt: Wer sagt denn, dass es ein Unglück sein muss, wenn die eigenen Pläne durchkreuzt werden? Übertrieben bäumen sich die meisten gegen das Schicksal auf, ohne sich zu fragen, wozu das Unerwartete gut sein könnte. Glücklicher ist derjenige, dessen Urvertrauen so groß ist, dass er den Zufällen Positives zutraut, auch wenn sie zunächst nicht in die Pläne des Eigenwillens passen.

> ➢ *Man weiß, was man will, aber nicht,*
> *was für einen gut ist.*

Dafür sorgt das Schicksal. Es ist zwar härter, aber auch erfinderischer. In der Rückschau erkennt man, dass es auf krummen Zeilen gerade schrieb.

Schicksalsgläubigkeit ist nicht Fatalismus

Schicksalsgläubigkeit darf jedoch nicht in Fatalismus ausarten. Das wäre das andere Extrem. Die goldene Mitte ist richtig: Der Mensch ist gleichzeitig Gestalter *und* Unterworfener des Schicksals. Ein starker Glaube mag zwar Berge versetzen, aber dennoch sollte man einen Spaten mitnehmen. Das Schicksal mischt die Karten, der Mensch spielt. Hierbei erwartet der Weise auch Unerwartetes. M. Gandhi wählte den Mittelweg zwischen Planen und völligem Improvisieren:

> ➢ *Ich habe immer nur Licht für den nächsten Schritt.*

Die Mitte liegt also zwischen einer überschlaffen Gelassenheit, die das Leben dahinschwinden lässt, und dem radikalen Willen, der sein Glück hic et nunc einfordern will.

> ➢ *Man soll Dinge nehmen, wie sie kommen.*
> *Dennoch sollte man alles mögliche tun,*
> *dass sie so kommen, wie man sie nehmen möchte.*

> ➢ *Nicht das Schicksal ist blind,*
> *sondern wir sind schicksalsblind* (K. Peltzer).

> ➢ *Wenn Gott dir eine Tür zuschlägt,*
> *öffnet er dir ein Fenster.*

☺ Glück als Mosaik aus gelungenen Kleinigkeiten:
Wie gut ist der dran, der bereits glücklich ist,
wenn ihm im Park die Enten nicht davonlaufen.

7 Glück ohne Unglück?

Dauerndes Glück ist Langeweile.

Glück gewinnt an Authentizität, Gehalt und Wahrheit durch die Kontrasterfahrung zum Unglück. Das Glück muss in Frage gestellt sein, um wiederhergestellt erst eigentlich Glück zu werden. Ausschließlich Glück macht nicht glücklich. Dass Kontraste viel voller wahrgenommen werden, liegt in der Funktionsweise des Nervensystems begründet: Es reagiert auf einen gleichbleibenden Reiz auf Dauer immer reduzierter bis zur emotionalen Null-Linie. Die Glücksmöglichkeiten sind tatsächlich konstitutionell begrenzt. Das andauernde Schlaraffenland-Glück wäre nach Elend und Not der zweitschlimmste Zustand!

> ➤ *Die wirklich Unglücklichen sind diejenigen, die nie unglücklich waren* (W. Sprenger).

Beispiele

Dem Verdurstenden bedeutet Wasser höchste Lust für den Rachen. Ein Armer, der lange gutes Essen entbehren musste, freut sich über ein gutes Mahl wesentlich intensiver als der Reiche, der immer gut isst.

> ➢ *Hunger ist der beste Koch.*

Die Menschen der gemäßigten Zonen werden beneidet um den Wechsel der Jahreszeiten. Zeiten fröhlicher Unbeschwertheit lernt man schätzen, wenn sie sich von harten Tagen abheben. *Saure Wochen, frohe Feste,* sagte Goethe. Spürt man nicht ein gewisses Unbehagen, wenn man zu arg vom Glück verwöhnt wird? Ist es nicht logisch, dass man nach einem Gipfel erst talwärts muss, um einen neuen Gipfel zu erstürmen?

Sprüche

> ➢ *Ohne Frost kein Eiswein.*
> ➢ *Je schwärzer die Nacht, desto funkelnder die Sterne.*
> ➢ *Glück ist Traum und Trauma.*
> ➢ *Die das Dunkel nicht fühlen, werden sich nie nach dem Licht umsehen* (H. T. Buckle).
> ➢ *Einem Mosaik ohne jeden dunklen Stein fehlte etwas.*
> ➢ *Verlang nicht ein zu großes Glück und keine zu schöne Frau! Sonst könnte der Himmel in seinem Zorn dir beides schenken!*
> ➢ *Wir sind nur deshalb glücklich,weil wir auch unglücklich sein können.*
> ➢ *Glück ein ganzes Leben lang! Niemand könnte das ertragen, es wäre die Hölle auf Erden* (B. Shaw).

Statt Glück Lebendigkeit?

Manche Autoren halten den Kontrast-Gedanken für so zentral, dass sie behaupten, es komme nicht auf Glück, sondern auf Lebendigkeit an. Einverstanden – der Autor möchte jedoch beim Zentralbegriff Glück bleiben, ihn aber so weit fassen, dass er das Unglück einschließt. Nach obiger Auffassung wäre das Gegenteil von Glück eher die Langeweile. Glücksträchtiger ist ein emotionales Auf und Ab, weniger die Spannungslosigkeit, sondern der Rhythmus von Spannung und Entspannung. Ein bestimmtes Maß an Unlusterfahrungen scheint der optimale Hintergrund zu sein, um subjektives Wohlbefinden intensiv wahrzunehmen.

Wem diese Behauptung zu negativ klingt, dem sei folgender Satz angeraten: Das sicherste Glück besteht in einer Grundzufriedenheit, auf die sich kontrastreich Glücksgipfel aufpfropfen.

„Schöne neue Welt"

Viele kennen diesen Zukunftsroman von A. Huxley, in dem er ein leidloses Dauerglück beschreibt. Aber eben ironisch: Huxley schildert keine wünschbare Utopie. Sein Roman ist zutiefst Kritik an dieser Utopie.

> ➤ *Ein Leben ohne Last*
> *kann zur Last werden.*

Konsequenzen

Variatio delectat! Die Abwechslung erfreut. Kontrastreich zu leben ist das sicherste Prinzip des Glücks. Nicht jeden Durst sofort löschen. Bestimmte Freuden selten erleben, indem man sie nur zu bestimmten Jahreszeiten genießt. Ruhig mal eine Nacht durchfeiern, natürlich nicht zu oft. Vermeide die „Vollkasko-Existenz"! Riskiere einen Abenteuer-Urlaub, um anschließend wieder die Annehmlichkeiten der Zivilisation zu schätzen. Reiße den Panzer der Gewohnheiten auf und nutze die Gelegenheit für seltene Ereignisse!

> ➢ *Misstraue den Stoikern, die zu einem milden,*
> *rundum gezähmten Dasein raten,*
> *das sich vor Tiefpunkten fürchtet*
> *und damit die Höhepunkte verpasst!*
> (W. Schneider)

Was tun, wenn es einem „zu" gut geht? Dankbar genießen aber wenn es langweilig wird, vielleicht eine Zeit lang verzichten? Ja, absichtlich! Es bedeutet keine Verachtung des Glücks, sondern ist Zeichen der Wertschätzung: Absichtliches Entbehren schärft die Sinne. Verzicht ist das Vorstadium froher Sinnlichkeit. Und wenn man nicht verzichten will? Dann sorgt das Schicksal für das nötige Zwischentief.

> ☺ Wenn dauerndes Glück Langeweile ist,
> dann hätten Paradiese ein
> gewaltiges Problem zu lösen.

8 Das kleine Leid als Lektion

> **Das größtmögliche Äquivalent für Glück ist
> die aktive Bearbeitung von äußeren und
> innerseelischen Schwierigkeiten (P. Parin).**

Das „kleine Leid" sei der Oberbegriff für Probleme, Unannehmlichkeiten und Ärger. Wer das Leben nicht nur als Schlaraffenland, sondern auch als eine Art Hindernislauf betrachtet, wird langfristig ein höheres Glücksniveau erreichen. Dazu muss man Kompetenzen erwerben und Talente entfalten. Solange man nicht wirklich überfordert ist, wächst einem die Aufgabe nicht über den Kopf, sondern umgekehrt: Der Kopf wächst über der Aufgabe.

Leid hat Aufforderungscharakter

Die Menschen verändern sich in der Regel nicht aus Einsicht, sondern erst, wenn der Leidensdruck groß genug geworden ist. Ohne ihn blieben die meisten Talente im Schlummer. Scheitern motiviert die Glückssuche besonders; keine Reifung ohne Erschütterung.

> ➤ *Das Leben ist hart, aber es übt ungemein.*

Am meisten lernen wir aus dem, was uns frustriert. Leid enthält die Aufforderung: Tu etwas dagegen! Wieviele Zähne wären einem schon abgefault ohne die Signalfunktion des Schmerzes. Sämtliche Unlustgefühle müssen also als Aktivierungskräfte verstanden werden. Probleme sind keine Bedrohung, sondern eine Herausforderung, schlafende Talente zu Fähigkeiten weiterzuentwickeln. Krisen sind der Mist, der das innere Wachstum düngt. Der Mensch soll sich entwickeln. Leiden sind also in eine verändernde Kraft umzuwandeln.

> ➤ *Unglück setzt größere Kräfte frei als Glück.*
> *Gott sei Dank, sonst hätte man gar nichts davon.*

> ➤ *Wohlbehagen ermattet den Geist,*
> *Schwierigkeiten erziehen und kräftigen ihn* (F. Petrarca).

> ➤ *Aus den Steinen, die einem in den Weg gelegt werden,*
> *kann man Schönes bauen* (J. W. v. Goethe).

> ➤ *Das Glück ist unsere Mutter,*
> *das Missgeschick unser Erzieher* (Montesquieu).

Das ganze Leben als Lektion?

Ja: Probleme sind das Substrat des Lebens, an dem man reift. Fehlschläge gehören genauso dazu wie Erfolge. Ein echter Misserfolg liegt nur dann vor, wenn man eine Lektion nicht begriffen hat. Sie kommt so lange wieder, bis man sie gelernt hat.

> ➢ *Wer einen Fehler macht und ihn nicht korrigiert,*
> *begeht einen zweiten* (Konfuzius).

Aus Stolpersteinen Bausteine machen, erleichtert zwar nicht das Leben, aber macht es befriedigender. Ein harter Tag mag kein glücklicher Tag sein, wohl aber ein geglückter.

> ➢ *Nicht ärgern – Konsequenzen ziehen!*
> (Wahlspruch v. J. F. Kennedys Vater).
> ➢ *Im Kampf mit dem Hindernis findet der*
> *Mensch zu sich selbst* (A. de Saint-Exupéry).

Glück und Unglück als Synergisten

Leid ist nicht nur Lektion oder ironische Spiegelschrift seines Gegenteils, sondern – so A. Schopenhauer – *beide sind zu unserem Besten.* Obwohl dies etwas euphemistisch klingt, hat die These etwas für sich: Glück und Unglück sind vom Ziel her analog: Die Freuden sind die Flügel, die Leiden sind die Sporen. Beide bringen Dynamik ins Leben, Glück durch Aufmunterung, Not durch Nötigung. Beides führt zu Tränen. Das eine ist Vorgeschmack auf Erlösung, das andere ein Schrei danach. Die Mixtur aus höchster Seligkeit und tiefstem Leid ist der erfolgreichste Lockvogel zur Transzendenz. Margarete v. Österreich hatte einen Wahlspruch, ein Wortspiel, welches nur auf französisch funktioniert:

> ➢ *Fortune, infortune font une.*
> *(Glück und Unglück bewirken das gleiche.)*

Viele kleine Nervigkeiten

Niemand ist ausgenommen, mit seinem Bündel bagatellartiger Probleme fertigzuwerden. Die Unlustgefühle sind einzeln nicht mächtig, als Masse jedoch können sie ein gewaltiges Glückshindernis darstellen:

➢ *Es sind die täglichen Kleinkriege, die uns kleinkriegen.*

Der Lebenskünstler lässt sich davon nicht zermürben. Eine besonnene Analyse (90 Prozent aller Sorgen treffen nicht ein!) ist besser als auszurasten. Im Zorn werden zwar phantastische Kräfte frei, man könnte Berge versetzen, meist jedoch in die falsche Richtung. Im Zorn sind alle Nervenenden des Denkhirns blockiert, es meldet sich das archaische Zwischenhirn, und man kann sich nur noch in Urlauten äußern. Wenn man schon toben muss, dann als „tobendes Lachen": Man ironisiert den Anlass des Ärgers, dessen Schwungrad im seelischen Getriebe weitergeschaltet werden muss, um Magengeschwüre zu vermeiden.

Hierarchie des Leids

Wer sich ein Bein gebrochen hat, kann froh sein, dass es nicht das Genick war. Der Weise sieht, dass es noch viel schlimmer hätte kommen können. Er stilisiert seine Opferrolle nicht zum Kult, sondern bemisst sein Glück an den Übeln, die ihm erspart blieben.

➢ *Klage nicht zu sehr über einen kleinen Schmerz;*
das Schicksal könnte ihn durch einen größeren heilen!
(F. Hebbel)

☺ Leid als Lektion: Wozu auch Fehler mehrfach machen,
die Auswahl ist ja groß genug!

9 Das große Leid

> **Unvermeidbares Leid: Der einzige Weg
> 'raus ist mitten durch (F. Perls).**

Neben dem kleinen bagatellartigen Leid bilden die großen Schicksalsschläge eine eigenständige Kategorie. Sie lässt sich nicht schönreden. Großes Unglück gebietet Schweigen. Die Leidenszeit selbst ist und bleibt eine unglückliche Zeit. Da sie in der Rückschau später positiv gesehen werden kann, muss man im Leid einen Akt des Vertrauens zu leisten versuchen.

Nur *un*vermeidbares Leid ist anzunehmen. Selbst C. S. Lewis, der in seinem Buch *Über den Schmerz* einige Aspekte des Leids irritierend positiv einschätzt, schreibt:

> ➤ *Wüsste ich nur irgendeinen Fluchtweg aus großem Leid, ich würde durch Kloaken kriechen, ihn zu finden.*

Niemand wird verschont

Durch keinen noch so raffinierten Trick lassen sich die dunklen Seiten des Lebens hinwegphilosophieren. Das Kreuz (Symbol des Leids) ist ein Zeichen für die Realität, nicht weil der Mensch es braucht, sondern weil er ihm nicht ausweichen kann. *Shit happens*, sagen die Amerikaner drastisch. Jede Lebensgeschichte ist auch Passionsgeschichte. Besser, als Leidfreiheit anzustreben, ist, Leid bewältigen zu lernen. Das heißt nicht, dass man nicht versuchen sollte, dem Leid auszuweichen, aber man soll nicht verwundert sein, wenn das nicht gelingt.

> *Lass mich nicht bitten um Schutz vor Gefahren, sondern um den Mut, ihnen die Stirn zu bieten* (R. Tagore).

Das Leid annehmen

Besonders beliebt aber falsch ist die Leidverdrängung durch Alkohol: Er konserviert nämlich, statt zu bewältigen. Unvermeidbares Leid nicht anzunehmen bedeutet lebenslängliche Verbitterung.

> *Das Kreuz gefasst, ist halbe Last.*

Und: Wenn die seelische Hornhaut *zu* dick wird, ist man auch für positive Gefühle unempfindlicher. Wer nicht verletzbar ist, ist auch nicht begeisterungs- und glücksfähig. No pain – no gain. Wer sich einigelt, verliert den Kontakt zur Realität. Er wird starr und teilnahmslos, die Depression liegt da nicht fern. So paradox es klingt: Wer nicht trauern kann, wird depressiv. Wer den Schmerz nah an sich heranlässt (aktive Trauerarbeit leistet), verwandelt sich: Das Glücksempfinden ist danach höher – das ist mehr als bloße Kontrastverstärkung.

> *Depression ist die Verlockung zu innerer Tiefe.*
> (K. Lange)

Phasen der Leidbewältigung

Zuerst ist man wie geschockt. Man will es nicht wahrhaben. Die anfängliche Depression ist wie ein Fieber der Seele. Nachdem es einem das Herz brach, zerbricht man sich in der *zweiten* Phase auch noch den Kopf. „Wieso ich?" Viele Weinkrämpfe. Bei einigen, die vor Trauer kaum noch aus den Augen gucken können, ist die zweite Phase so heftig, dass sie für geisteskrank gehalten werden. Das Gegenteil ist jedoch richtig: Den geistigen Defekt hat der, der vor lauter Stumpfheit nicht trauern kann. Tränen sind das Fruchtwasser der Seele. Wer weint, bleibt flüssig, also verholzt nicht. Trauer ist die einzige Art, Trauer zu überwinden.

> ➢ *Die Trauer hat die glückliche Fähigkeit,*
> *sich selber aufzuzehren* (S. Freud).

Die *dritte* Phase leitet die Wende ein: Man fragt weniger warum, sondern wozu.

> ➢ *Jeder Kummer hat seinen Engel.*

> ➢ *Wer auf sein Leid tritt, steht höher* (F. Hölderlin).

In der *vierten* Phase, der der Ermutigung, kommt die Quelle des Lebens wieder zum Strömen. Der Sinn für Prioritäten ist nun schärfer. Eine gnädige Erfahrung ist, dass vergangenes Leid in Vergessenheit gerät: Wer den Tunnel hinter sich hat, vergisst die Dunkelheit.

> ➢ *Das Glück ist flüchtig.*
> *Tröstlich: Das Unglück ebenfalls.*

Wenn die Trauer angemessen und echt ist, will man sie gar nicht wegkürzen. Die Erkenntnis, dass Trauer richtig und authentisch ist, kann ein paradoxes Gefühl auslösen: Man spürt Richtigkeit und Zustimmung zu einem Gefühl, das für sich selbst genommen subjektiv sehr unangenehm ist.

Erkenntnisrest

Man darf Leid nicht ästhetisieren oder zu einem bloßen Begriff verharmlosen. Leid erklären zu wollen hat etwas unfreiwillig Zynisches. Obwohl Unglück bei einigen größere Kräfte freisetzt als Glück bleibt Leid ein Skandal: Trotz der schönredenden Sprüche wie:

> ➤ *Nichts vermag den Geist so aufzuwecken*
> *wie ein großer Schmerz* (A. France).

oder:

> ➤ *Keiner ist weise, der nicht das Dunkel kennt* (H. Hesse).

ist Leid nicht wirklich bejahbar, sondern bleibt als Grundphänomen abgrundtiefes Geheimnis. Denn vielen mutet das Leben mehr Leid zu, als diese ertragen und ins Positive verwandeln können. Leid humanisiert keineswegs jeden. Viele verbittern und werden bitterböse. Not weckt nur bei einigen das Beste, bei manchen die Bestie.

Was ist das für ein System, in dem bei Einzelnen der größte Teil des Lebens im Schatten des Leidens verläuft?

> ➤ *Und ich werde mich bis in den Tod hinein weigern,*
> *die Schöpfung zu lieben,*
> *in der Kinder gemartert werden* (A. Camus).

> ➤ *Leid ist der Fels des Atheismus* (Büchner).

Die Frage, wie ein guter Gott mit dem Leid vereinbar ist, also das Theodizee-Problem, wird in Buch II „Glück und Heil" behandelt.

Folgendes Motto ist als Fazit brauchbar:

> ➤ *Für jedes Leid auf dieser Welt, so scheint's,*
> *gibt es ein Mittel oder keins.*
> *Ist eins da, versuch's zu finden!*
> *Ist keins da, musst Du's verwinden* (Unbekannt).

10 Krankheit

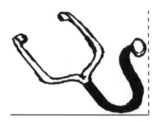

> **Der Weisheit macht der Mensch nur Versprechen,
> dem (körperl.) Leid aber gehorcht er (M. Proust).**

Gesundheit ist unumstritten ein besonders hohes
Glücksgut. Vor Vitalität zu strotzen eröffnet besondere Glücksquellen. Prophylaxe und Gesundheitslehre müssten daher ernster genommen werden. Krankheiten sollten andererseits nicht für
völliges Unglück gehalten werden: Zum einen
kann man auf gesunde Weise krank sein, und zum
anderen zeigen einem chronische Krankheiten die
Notwendigkeit an, seinen Lebensstil zu korrigie-
ren. Beunruhigend ist die Zunahme psychosoma-
tischer Erkrankungen. Als pathogenetisch rele-
vante Faktoren ermittelte die Medizinische Soziologie:

- suchtartiges Gewinnstreben
- Hektik im Arbeitsprozess
- überspitzter Konkurrenzkampf

Sinnaspekte bei Krankheiten

Wer ab dem 45. Lebensjahr völlig schmerzfrei aufwacht, weilt vermutlich nicht mehr unter den Lebenden. Gesundheit ist nicht Beschwerdefreiheit, sondern die Kraft, Beschwerden gut zu bewältigen.

> ➢ *Wenn der Altersverschleiß nach weiteren zehn Jahren noch zunimmt, besteht das Glück darin, dass man sich daran gewöhnt hat* (U. Falk).

Akute Krankheiten sind *während* der Zeit des Krankenstandes sicher nicht erfreulich, aber oft in der Rückschau: Man kommt nämlich zu unerwarteten Einsichten, die man sonst nie hätte. Wo wird man in einer schnelllebigen Gesellschaft zuverlässiger auf Eis gelegt als durch Krankheit? Eine Unterbrechung des Gewohnten kann sehr heilsam sein. Man ist von allen Verpflichtungen entbunden, die ganze Alltagshektik fällt von einem ab. Für Novalis, Franz v. Assisi und Ignatius v. Loyola waren Krankheiten Auslöser für grundlegende Änderungen ihres Lebensstiles. Schwere Krankheit als Appell der Endlichkeit konzentriert auf das Wesentliche, und das mit hartnäckiger Aufdringlichkeit: Krankheit ist leibhaftig, die Körpersprache des Leids.

Für *chronische* Krankheiten gilt: Nicht gegen, sondern *mit* der Krankheit leben.

Tödliche Krankheiten als sinnvoll schönreden wäre zynisch. Man braucht aber auch nicht völlig verzweifelt zu sein, weil die Existenz insgesamt trotz tödlicher Krankheit ihren Sinn behält. Eine alte Frau sagte auf dem Sterbebett:

> *Hauptsache, der Herrgott ist gesund.*

Gesundheit

Auch wenn Krankheiten Sinnaspekte enthalten, so sucht man die Krankheit natürlich nicht absichtlich. Im Gegenteil: Gesundheit ist zu pflegen. Gesundheitslehre und prophylaktische Medizin rücken immer mehr in den Vordergrund. Viele Nebendisziplinen wie z.B. Arbeitsmedizin, Ernährungswissenschaft, Humanbiologie, Sozialpsychologie und Wohnbaukultur leisten ihren Beitrag.

Ein neuer interessanter Trend-Begriff der Gesundheitswissenschaft ist die sogenannte „*Salutogenese*", die nach Gesundheitsfaktoren sucht. Was ist das Geheimnis der Menschen, die trotz Risikofaktoren und äußerer Belastungen gesund bleiben? Es zeichnet sich also ein Perspektivenwechsel ab: Statt der Heilung Kranker rückt die Bereicherung Gesunder in den Vordergrund, so dass diese gar nicht erst krank werden.

Was in einem tiefen Sinn sind Krankheit und Gesundheit?

Die älteren Definitionen von Gesundheit waren *körpernah*: Schweigen des Körpers, Arbeitsfähigkeit und Lebensfreude. In den achtziger Jahren tauchte zusätzlich der Begriff Selbstverwirklichung auf. Jüngste Begriffsbestimmungen sind noch *geistnäher*: Gesundheit ist die Möglichkeit, Lebensziele zu verwirklichen, oder: erfülltes Leben. Krankheit und Gesundheit werden nicht mehr als strenge Gegensätze angesehen, sondern als Pole, zwischen denen der Mensch hin- und hergeht: Krankmachende und gesundheitsfördernde Prozesse laufen parallel.

Bewegung und Gesundheit

Sportmedizin und Altersforschung belegen die These, dass durch regelmäßige Bewegung der körperliche Verfall bis ins siebte Jahrzehnt hinausgezögert werden kann. Präziser: Wer dreimal pro Woche 45 Minuten Sport treibt (2/3 der maximalen Sauerstoff-Aufnahme), der kann 20 Jahre lang 40 Jahre alt bleiben. Ferner hat Sport über Hirnbotenstoffe euphorisierende Wirkung. Zudem: Wer körperlich fit ist, ist auch geistig beweglicher.

Psychosomatik

Kein ernstzunehmender Mensch bestreitet den Zusammenhang von Körper und Seele. Eine Schlüsselstellung zwischen Psyche und Körper scheint das Immunsystem darzustellen. Ein entmutigter Mensch hat – vereinfacht gesagt – weniger immunrelevante Zellen (Lymphozyten), als wollten diese sagen: *Wenn er nicht will, dann wollen wir auch nicht mehr.*

Die Bedeutung des englischen Wortes *health* ist aufschlussreich: Es bedeutet nicht nur Gesundheit, sondern auch Heil. Heil wiederum meint „ganz" und steht den Begriffen heilig und Heiligung nahe, also dem religiösen Bedeutungsraum. Heilung hat vielleicht eine metaphysische Komponente und ist sicher weit mehr als Symptombeseitigung. Der Zusammenhang zwischen Geist-Seele und Körper hat sehr weit zurückliegende Wurzeln: Kranke z.B. hielten einen Tempelschlaf ab, um durch Träume Hinweise auf Heilung zu erwarten. Bei vielen Volksstämmen waren und sind der Priester und der Arzt in einer Person, dem Medizinmann, vereinigt.

☺ Mens sana in campari soda.

11 Schwarze Zukunft?

> **Was geschieht, wenn nichts geschieht:**
> **Hybris, Katharsis, aus is'!? (H. Kliebhan)**

Zum Glück gehört, dass man zuversichtlich oder mit bewältigten Ängsten in die Zukunft schauen kann. Nur wer an die Zukunft glaubt, nutzt die Chancen, die er jetzt hat. Das Engagement und die Sorge um die Welt sollten Platz haben in einem moralisch zu rechtfertigenden Glücksstreben. Wie also ist die Zukunft einzuschätzen? H. Jonas (Prinzip Hoffnung) ist optimistisch und glaubt an die Erfindungskraft des Menschen, dass er nicht sehenden Auges in die Apokalypse hineintaumelt. Auch der Pessimist müsste nicht gleich verzweifeln: Selbst wenn der Übergang mit Katastrophen einhergeht, lässt sich das Glücksmotiv erhalten über die Idee der Schadensbegrenzung.

Zukunftsprognose

Das Interesse an der Zukunft ist vordergründig: Man möchte sie erleben. Die Menschheit lebt in ihrer vielleicht spannendsten Epoche. Die Prognosen schwanken zwischen immer noch optimistischem Fortschrittsglauben und wachsender Zukunftsangst mit apokalyptischen Visionen. Dass der Mensch nur aus Schaden klug wird, ist die älteste Lerntheorie. Die grausige Frage ist, wie viele Katastrophen braucht die Menschheit? Hoffentlich hat der Dichter Hölderlin Recht:

> ➢ *Wo aber Gefahr ist,*
> *wächst das Rettende auch.*

Es wächst aber nicht von allein. Der Mensch muss sich bemühen. Wieso sollte es Ziel der Evolution sein, ein so unangepasst agierendes Lebewesen wie den Menschen vor seiner Selbsteliminierung zu bewahren? Manchmal kann man das Gefühl haben, als ob die Evolution die Moralität des Menschen testen wolle. Der Mensch bekommt das, was er verdient. Der „worst case" ist, dass die Menschheit sich ausrottet – nicht alle. Da bleibt der Autor optimistisch: Einige werden überleben, dafür sorgt die hohe biologische Anpassungsfähigkeit (vergleiche Phönix-Mythos!). Mit einem neuen Ethos wird die Menschheit einen neuen Anlauf nehmen.

> ➢ *Der Mensch ist ein zielstrebiges Wesen,*
> *aber meist strebt er zu viel und zielt zu wenig.*

Exkurs über die ökologischen Krise

Kann der Mensch noch einen sanften Übergang schaffen? Noch setzt die Vernunft sich faktisch nicht zuverlässig genug gegen Instinkte und Affekte durch. Der Mensch könnte die „Kurve kriegen", wenn er wirklich wollte. Er weiß, was er sollte, *aber er tut es nicht*. Als Ursache vermuten die Humanbiologen eine evolutiv erworbene Strategie: Die maximale Ausnutzung (Ausbeutung) des Lebensraumes. Dies aber ist heute anachronistisch, wenn nicht gar tödlich. Aus angeborenem Sinn wird heute angeborener Unsinn. Die Vernunft begreift es, ist aber auf breiter Front zu schwach, die genetische Disposition zu belehren.

Der *homo sapiens*, den die Philosophen der Aufklärung ihren gesellschaftlichen Entwürfen voller Optimismus zugrunde legten, ist in Wirklichkeit noch immer eine Zukunftshoffnung. Statistisch ist der Mensch noch im Tier-Mensch-Übergangsfeld. Er ist weniger Krone als Dornenkrone der Schöpfung.

Auch der gute Mensch, der *homo humanus* steht noch aus; denn die Welt-Probleme haben auch erhebliche moralische Aspekte: Z.B. fordert der ökologische Übergang in die „nachhaltige Entwicklung" Verzicht und Selbstrücknahme zugunsten der Folgegenerationen. Momentan ist der Mensch technologischer Riese und moralischer Zwerg.

> ➢ *Die Probleme der Zukunft sind nicht Probleme*
> *der Technik, sondern Probleme der Ethik.*
> (C. F. v. Weizsäcker)

Wer soll handeln?

Die reiche sogenannte Erste Welt, in der 20 Prozent der Menschen 80 Prozent der Umwelt verbrauchen. Es ist ihre unbedingte Pflicht und Schuldigkeit. Ferner hat nur die Erste Welt die Macht und Mittel – die Dritte Welt ist mit Überleben beschäftigt. Konkret: Deutschland könnte Vorreiter für Europa sein, welches ökologisch das erste Wort in der UNO hat. Globale Gesetze und nationale Partnerschaften sind Sachzwang der Zukunft. Freiwilligkeit genügt leider nicht: Da niemand der Dumme sein will, lassen sich Verzichte nur dann einfordern, wenn sie für alle gelten, also gesetzlich von oben. Nicht aus Idealismus, sondern bereits aus reinem Eigennutz muss sich das langfristig Notwendige gegenüber dem kurzfristig Wünschbaren durchsetzen! Neben gesetzlichen Bestimmungen von oben soll gleichzeitig die Basis von unten Anstrengungen unternehmen. Seit 1990 zieht der Begriff Weltethos wachsende Kreise.

➢ *Vereint sind auch die Schwachen stark* (F. Schiller).

Die Konsensbasis wird immer breiter.

➢ *Nichts ist mächtiger als eine Idee,*
deren Zeit gekommen ist (V. Hugo).

☺ Ein Witzbold behauptet:
Es ist nicht die chemische Industrie,
welche den Rhein verschmutzt,
es sind die vielen toten Fische!

12 Arbeit – Lebensstandard

HAUS des GLÜCKS

BEREICHE | HINTERGRÜNDE

Arbeit | Privat | Freizeit | Psyche | Ethik | Sinn

Haben um zu Sein.

Glück schwebt nicht in der Luft, sondern sitzt mitten im Leben, das in der modernen Gesellschaft in drei zeitliche Bereiche (Arbeit, Privates, Freizeit) und in drei Hintergründe oder Einstellungen (seelische Gesundheit, Ethik, Sinn und Transzendenz) geteilt werden kann (siehe Abbildung!). In keinem Bereich sollte arges Unglück herrschen, da das Bewusstsein auch die glücklichen Bereiche dunkel färben würde. Jeder der sechs Bereiche hängt enger mit dem Glück zusammen, als man prima vista glauben möchte.

Lebensstandard

Der Lebensstandard der Deutschen steigt seit 50 Jahren. Sind sie deshalb auch glücklicher geworden? Nein: Das Institut für Demoskopie in Allensbach fand zwischen 1954 und 1998 ungefähr gleichbleibend 28 Prozent glückliche Menschen heraus. Auf der einen Seite haben die Deutschen ein reiches, komfortables, sozial ausgewogenes und relativ gerechtes Land, viel Freizeit, Urlaubsreisen, einen geschützten Rechtszustand, Kranken- und Altersversorgung, eine hohe Lebenserwartung, keinen Hunger, keine Naturkatastrophen, keine Epidemien, keinen Bürgerkrieg und keine staatliche Willkür.

Auf der anderen Seite häufen sich neurotische Verhaltensstörungen, Suizide, Drogenmissbrauch, Spielsucht (gerade auch in besseren Vororten). Statt Lebensschwung machen sich Leere, Überdruss, Missmut breit. Die meisten Zeitkritiker vermuten als Hauptgrund die frustrierten höheren geistigen Bedürfnisse. Der Mensch lebe heftig in die Breite, nicht aber in die Tiefe. Sein Leben sei flach: Er sorge für seinen Unterhalt und dann für seine Unterhaltung. Seine existentielle Langeweile beruhe auf fehlender geistiger Anregung, auf der Absage an die Fülle des Humanum, auf dem Stop des Geistes angesichts seiner potentiellen Größe, psychologisch auf dem Scheitern der Selbstverwirklichung. Kurz: Volle Bäuche, leere Seelen.

> ➢ *Der Westler ist nicht mittellos, aber seine Mitte los.*
>> ➢ *Einzige Form des Gutseins ist das Guthaben.*
>>> ➢ *Das Dasein ist nur noch Design.*
>>> ➢ *Das Leben ist eher voll als erfüllt.*
>> ➢ *Ex oriente lux, ex occidente luxus* (S. J. Lee).

Gesellschaftskritik

Es wird irrigerweise unterstellt, dass steigender Wohlstand automatisch zufrieden und glücklich mache. Diese Prämisse ist sachlich falsch: Wohlstand führt ab einer bestimmten Stufe zu keiner weiteren Glückszunahme und bei einigen sogar zu seelischer Armut. Glück scheint eher eine Frage der inneren Befindlichkeit als des äußeren Wohlstandes zu sein. Schon sechs Wochen nach einem großen Lottogewinn sinkt die Euphorie wieder auf Normalniveau. Obwohl obige Einsichten von der empirischen Sozialforschung belegt sind, bleibt das Profitdenken dominierend. Alles bleibt dem Primat der Ökonomie untergeordnet. Beruf und Erwerb bleiben die den Alltag bestimmenden Größen.

☺ *Das Wirtschaftswunder Japans:*
Aus dem Land des Lächelns wird das Land des Hechelns.

Den Materialismus zusätzlich schürende Faktoren:
a) Der westliche Mensch konzentriert sich aufgrund seiner rationalistischen Einstellung auf die äußere Dingwelt. (Der östliche Mensch sucht primär inneren Frieden.)
b) Die Werbung suggeriert die Käuflichkeit des Glücks und kommerzialisiert es. Es werden uns auf so dämonisch geniale Weise materielle Scheinbedürfnisse eingeredet, dass höhere kulturelle Bedürfnisse keine Chance haben.
c) Das Rangstreben drückt sich in äußerem statt in innerem Reichtum aus.
d) Die entstehende innere Leere wird durch Konsumismus kaschiert.
e) Der Verfall an die Dingwelt gilt als normal, da alle Opfer der gleichen Prägung sind.

Was tun?

Lässt sich Glück im Zustand relativer Wohlstandssättigung noch steigern? E. Fromm wirft in seiner Gesellschaftskritik dem Westler eine zu ausgeprägte „Haben-Orientierung" vor. Es wäre nun falsch, das Haben durch das Sein zu ersetzen. Ein gewisser Wohlstand ist nicht Alternative, sondern Voraussetzung für humane, kulturelle Werte. Die Zielnorm könnte daher lauten: *Haben um zu Sein.* Lebensstandard ist zwar noch nicht Glück, aber ein Anlass dazu. Pauschale Konsumkritiken sind abzulehnen, und Besitz darf bejaht werden, solange er kein Selbstzweck ist. Man sollte sich nicht allein über Beruf und Besitz definieren, sondern parallele Wertordnungen (Hobbies, kulturelle Interessen) pflegen.

Zufriedenheit oder Genügsamkeit heißen die Tugenden, die die Ansprüche an den Lebensstandard zügeln und im Westen die halbe Miete zum Glück ausmachen. Wem genug nicht genug ist, der hat nie genug. Zufriedenheit als angemessenes Wünschen ist freilich schwierig in Konsumgesellschaften, in denen zwar Bedürfnisse befriedigt, aber noch mehr geweckt werden. Der Volksmund sagt: Ein erfüllter Wunsch bekommt augenblicklich Junge. Anhaltende Wunschlosigkeit ist allerdings ebenso von Übel: Man würde dahinvegetieren. Ein paar Wünsche soll man sich offenhalten als Ausdruck gesunden Lebenshungers. Man muss also mit einer gewissen Unzufriedenheit zufrieden sein.

☺ *Man kann auch vor lauter Fleiß blödsinnig werden* (O. Wilde).

13 Privatheit – Liebe

Ob die Liebe ein Glück ist?
Jedenfalls ist sie das charmanteste Unglück,
das uns zustoßen kann (C. Goetz).

Die Sehnsucht zu lieben und geliebt zu werden ist ein zentraler Pfeiler des Glücks, bei Enttäuschungen aber des Unglücks.

Nach der Selbstbejahung fördert nichts die Lebenszufriedenheit mehr als eine gute partnerschaftliche Beziehung, aber auch nichts kann sie so wirksam beeinträchtigen.

Wohl über kaum ein Thema ist so viel geschrieben, gesungen und gesagt worden. Über kein Problemfeld gibt es mehr unterschiedliche Ansichten, regelmäßig betritt man ein moralisches und intellektuelles Minenfeld.

Warum sind Sexualität und Liebe so kompliziert?

Die Bücherflut zu diesem Thema erscheint so chaotisch wie die Sache selbst. Das komplexeste Gebilde ist die menschliche Psyche, und in einer Liebesbeziehung hat man gleich zwei davon. Diese zwei addieren sich nicht einfach, sondern stehen in dynamischer Wechselwirkung. Das Ganze spannt sich zwischen den zwei Polen des sexuellen Begehrens und wohlwollender Zuneigung aus. Das Spektrum ist breit. Im englischen Lexikon steht der Begriff „sexuality" zwischen „sewer" (= Gosse) und „shame" (= Schamgefühl). Das Thema verlangt eine eigene Darstellung. Hier nur einige Aspekte:

◆ **Lust und Liebe**: Nicht Sexualität ist gefährlich, sondern ihre blinde Unterdrückung. Lust ist körperlich triebhaftes Begehren. Liebe meint Wohlwollen und Zuneigung zur ganzen Person. Ideal ist die Vereinigung von beiden im Eros.

◆ **Die glückliche Partnerschaft** steht bei fast allen Umfragen an der Spitze der Glückshierarchie. Partnerschaft meint relative Gleichberechtigung. Wenn in einer Beziehung nur einer das Sagen hätte, wäre die Beziehung zwar konfliktarm, aber es käme zu keiner bereichernden Wechselwirkung. Ist doch die Beziehung ein potentieller Katalysator gegenseitiger Selbstverwirklichung. Jeder Partner kann beim anderen Eigenschaften hervorlocken, die sonst verborgen bleiben könnten. Wer in einer Partnerschaft nur gibt, ist bald leer.

◆ **Normale Konflikte:** ➢ *Wenn zwei Menschen immer die gleiche Meinung haben, taugen beide nichts* (K. Adenauer). Ziel ist nicht Konfliktlosigkeit, sondern Konfliktfähigkeit. Nicht Konflikte machen die Liebe kaputt, sondern Scheinharmonie und unterdrückte Wut. Noch tödlicher ist die Gleichgültigkeit. Das Klischee einer Ehe als sicherer Hafen ist ein wirklichkeitsfremdes Vorurteil. Ehe ist auch offenes Meer inklusive Flaute und Sturm.

➢ *Die Leute meinen, die Freundschaft müsse in der Gleichartigkeit bestehen. Sie sind zu ungeduldig, um die schöne Wirkung abzuwarten, die aus zwei redlichen Gegensätzen hervorgehen kann* (R. Rosegger).

◆ **Toleranz** ist ein bedeutender Eckpfeiler der Partnerschaft. Indem man die Andersartigkeit des Partners annimmt, fühlt dieser sich getragen, seine „psychische Substanz" wird plastischer, und er ändert sich aus sich selbst heraus besser als unter Druck.

◆ **Vertrauen** ist wichtiger als Verstehen. Wenn Vertrauen ein starkes Fundament (geworden) ist, dürfen sogar die psychologischen „Aufbauten" schieflastig sein. Dann können sogar Neurotiker gute Ehen schaffen. (Wenn ein Viertel der Menschen neurotisch ist, dann ist die Hälfte aller Ehen betroffen. Sic!)

◆ **Unglückliche Partnerschaft:** Scheidungsursache ist seltener falsche Wahl als vielmehr Egoismus und Unfähigkeit zur Selbsttranszendierung.
➢ *Eine liebende Beziehung ist die Grundtatsache, die zur Erlösung des Menschen, zur Befreiung seines Ichs aus seiner Selbstabschließung verhilft* (M. Buber).

◆ **Ehe**: Ehe ist nicht die Abkürzung für *errare humanum est*, sondern sie bleibt ein, wenn auch selten erreichtes Ideal. Das Sehnsuchtsmotiv lebenslanger, bedingungsloser Treue scheint unausrottbar.

Lange Partnerschaft hat etwas Provozierendes, fast Brutales an sich, das Reifen wird in ihr geschürt. Ehe ist der sicherste Weg, eigene Schwächen zu entdecken. Wenn zwei gleichberechtigte Partner guten Willens lebenslang zusammenbleiben, sind sie zwangsläufig ethisch wertvollere Menschen geworden. Wenn die erotische Anziehung nachlässt, sollten Geist und Seele weiter zusammenwachsen. Lange Liebe ist tiefer und wertvoller als die intensive kurze.

> ➢ *Gelungene lange Partnerschaft ist n i e m a l s*
> *i m m e r glücklich, tiefe Beziehungen sind*
> *immer geprüfte Beziehungen* (J. Prekop).

Einen bedingten (= fehlbaren) Menschen *un*bedingt zu lieben ist eigentlich unmöglich, es sei denn, man hat „Rückendeckung" aus einer *un*bedingten Dimension. Diese stiftet das geheimnisvolle unerschütterliche Moment der Ehe. Der entschiedene Ehewille ist meist spirituell fundiert (vergleiche Erster Korinther-Brief, 13. Kapitel). Aus dieser Transzendenz-Verankerung der Ehe nährt sich die Kraft, einander oft zu vergeben.

> ➢ *Es gäbe kaum Liebe in der Welt, wenn sie nur dem geschenkt werden könnte, der sie verdient* (K.-H. Waggerl).

> ➢ *Die meisten Menschen brauchen mehr Liebe,*
> *als sie verdienen* (M. v. Ebner-Eschenbach).

☺ Ein Pubertierender: Mädchen sind für mich Luft,
aber ohne Luft kann ich nicht leben.

14 Freie Zeit

GLÜCK	**UNGLÜCK**
mit Wechselwirkung	oberflächlich
tiefgehend	destruktiv
Aktivität	**Aktivismus**
engagiert	Hetze, Arbeits- und
begeistert	Vergnügungssucht
Muße	**Müßiggang**
wach	„herumhängen"
phantasievoll	phantasielos

> **Gehst du zu schnell, so überholst du das Glück,
> gehst du zu langsam, so holst du das Glück nicht ein.**

Hier geht es nicht um Freizeitgestaltung, sondern allgemein um den Umgang mit der Zeit. Da diese eine enorm glücksrelevante Ressource ist, verdient sie einen besonders besonnenen Umgang. Die zentrale These lautet: Der Glückliche findet nicht nur die Balance zwischen aktivem und beschaulichem Leben, sondern ist auch in beiden Bereichen auf eigentümlich intensive, wachsame Weise engagiert.

Umgang mit der Zeit

Es stimmt zwar: Wer seine Zeit verschwendet, verschwendet sich. Aber es stimmt auch: Die Zeitbesessenheit bedarf der Ergänzung durch Zeitvergessenheit. Der Lebensrhythmus enthält so viele Synkopen und Tempiwechsel, dass man oft aus dem Takt kommt. Neben der Hektik braucht der Tag auch ruhige Phasen. Stille ist das Luftholen der Seele. Man kann nicht richtig Mensch sein, wenn man nicht täglich eine stille Stunde für sich hat. Muße und Gelassenheit sind unverzichtbare Mitfaktoren für Kreativität und Persönlichkeitsentwicklung.

> ➢ *Wir sollten nicht aus der vita activa in die vita contemplativa fliehen, noch umgekehrt, sondern zwischen beiden wechselnd unterwegs sein, in beiden zu Hause sein.*
> (H. Hesse)

Neben der quantitativen Ausgewogenheit von Aktivität und Ruhe gibt es eine weitere genauso glücksrelevante Unterscheidung: Es geht um das Maß der inneren Beteiligung, den Grad der Wechselwirkung, mit der das Individuum aktiv in die Welt eingreift und passiv von ihr empfängt.

Glücklich ist, wer sich innerseelisch engagiert und weiterentwickelt. Dies ist sowohl bei Aktivitäten als auch bei Muße möglich: Ein ruhig dasitzender Mensch kann innerlich brodeln.

Dagegen besteht *Unglück* in der zu oberflächlichen Interaktion zwischen Individuum und Welt: In milder Form ist es die alltägliche Hetze, in voller Form ein Aktivismus, der sich in der Freizeit als Konsumismus und beruflich als Arbeitssucht manifestiert.

Hetze

Was die sogenannte Erste Welt auch tut, es geschieht meist unter Zeitdruck. Obwohl sich die Lebenszeit verdoppelt und die Arbeit halbiert hat, hat niemand Zeit. Wo bleibt sie eigentlich? Man hetzt durch den Tag, als sei das Leben ein zu bewältigendes Pensum. Das Dringliche vor dem Wichtigen zu tun, führt bei vielen dazu, dass für das Wichtige bald überhaupt keine Zeit mehr bleibt. Die Zeit ist angefüllt, nicht erfüllt. Durch die selbst inszenierten Beschleunigungsturbulenzen kommt der Mensch sich selbst abhanden. Ein großer Teil der arbeitenden Bevölkerung ist grantig, nervös und ungeduldig.

> *Der Mensch, dem nicht jeden Tag wenigstens*
> *eine Stunde gehört, ist kein Mensch* (M. Buber).

Die meisten sind vom Zeitstress so geprägt, dass es keinem mehr auffällt. Für Außenstehende dagegen ist es unübersehbar: Afrikaner z.B. charakterisieren die Deutschen wie folgt:

> *Germans are always in a hurry. They are slaves of time.*

Die Ursache der Hetze ist einfach: *Zu viele Dinge!* Es schluckt unglaublich viel Zeit, Tausende von Konsumgütern zu planen, bauen, kaufen und nutzen. Die Werbung verführt dazu, diese Güter als für unser Glück unentbehrlich zu erachten. Das gleiche gilt für das Freizeit-Angebot. Das Zeitproblem wird zum Entscheidungsproblem, was man weglässt.

> *Wer steigen will, muss Ballast abwerfen.*

> *Glück ist Einfachheit:*
> *Die meisten Menschen sind so wenig glücklich,*
> *weil ihr Leben zu kompliziert ist* (R. v. Delius).

Aktivismus

Aktivismus ist systematisches Hetzen. Schon genannt wurde der *Freizeit-Konsumismus*, der den Menschen lückenlos reizüberflutet. Ein Wortspiel sagt:

> ➤ *Egal wo's lang geht, wenn's nur nicht so lang geht.*

Das Leben im Zeitraffer soll eine Pseudolebendigkeit vortäuschen. Je höher die Reizfolge, desto besser.

> ➤ *Wehe es kommt bei einem solchen Aktivisten einmal Ruhe auf, wenn kein Gegenstand mehr ist, der ihn packt; kein Antrieb, der ihn vorandrängt; kein Reiz, der ihn erregt, dann fällt die ganze Aktivität zusammen und eine sonderbare Öde entsteht. Jene äußere Rastlosigkeit und diese innere Dumpfheit gehören offenbar zueinander.*
> (R. Guardini)

Beruflich äußert sich der Aktivismus als *Arbeitssucht*. Die „workoholics" arbeiten nicht aus echter Schöpferkraft so viel, sondern sie nutzen die Arbeit als eine Art Betäubungsmittel. Es ist eher Süchtigkeit als Tüchtigkeit. Der volle Terminkalender ist der beste Schutz vor der Arbeit an sich selbst und vor dem beklemmenden Gedanken der Sterblichkeit. Es ist die Jagd und nicht die Beute, die sie suchen. Langfristig gehen sie nicht in der Arbeit auf, sondern unter. Kein Durchhalten ohne Anhalten. Dies ist kein Plädoyer für das Trödeln:

> ➤ *Man braucht Schnelligkeit,*
> *um sich Langsamkeit leisten zu können.*

> ☺ *Die Schwarzen haben die Zeit,*
> *die Weißen die Uhr.*

15 Seelische Gesundheit

seelisch gesund	seelisch ungesund
selbstbejahend	Selbstzweifel
autonom	(über)angepasst
realistisch	illusionär
reiche Gefühle	unsichere Gefühle
optimistisch	pessimistisch
ausgeglichen	labil, grantig
guter Problemlöser	schlechter Problemlöser
aktiv, vital	passiv, bequem
zukunftsorientiert	no future
dialogisch	egozentrisch

> **Glück besteht nicht aus glücklichen Augenblicken,**
> **sondern aus der Fähigkeit,**
> **diese aufzunehmen (Montesquieu).**

Glück besteht weniger im Einhalten bestimmter Lebensregeln oder aufgesetzter Glückstechniken als vielmehr in einer geistigen Haltung, Grundbefindlichkeit und Lebensführung. Äußeres Wohlleben oder glückliche Umstände lösen nur dann wirklich Glück aus, wenn auch die Disposition, ein bereiteter Boden hierfür vorhanden ist. Glücksfähigkeit ist eng mit der Persönlichkeit verwoben und wächst mit ihr.

Das Zufriedenheitsparadox

Privilegiert, aber dennoch nicht zufriedener: In der High-Society der USA stuften 100 Supermillionäre ihre Befindlichkeit nicht evident anders ein als 100 zufällig aus dem Telefonbuch Ausgewählte.

Benachteiligt, aber dennoch zufrieden: Glatzer (1988) untersuchte das Zusammenspiel von objektiven Lebensbedingungen und subjektivem Wohlbefinden: Im ärmsten Fünftel waren 8 Prozent dennoch hochzufrieden. Bei solchen Menschen sollte man in die Lehre gehen!

Glück ist also zu erheblichen Anteilen ein innerseelisches Geschehen und nicht so sehr etwas Äußeres.

Seelische Gesundheit

besteht nicht aus einem Einzelfaktor, sondern einem integrierten Gefüge „richtigen" Denkens, Fühlens und Handelns. Glück hat sehr viel mit gelungenen Balancen zu tun. Im Folgenden werden einige zentrale Begriffe stichwortartig herausgestellt. (Ihre Herleitung und Erläuterung findet sich an anderen Stellen dieses Buches oder in Buch III.)

◆ **Selbstbejahung** und **Optimismus**: s. Kapitel 21 u. 22.

◆ **Autonomie** meint, dass man nicht einfach daherlebt, sondern bewusst sein Leben führt. Das Ich kann nicht vertreten werden. Dies ist die formale Voraussetzung für Selbstverwirklichung und Identität. Letztere ist mehr als die Summe der Rollen, nämlich das Durchhalten einer authentischen Personmitte durch diese Rollen hindurch.

> ➤ *Wer nur in die Fußstapfen anderer tritt,*
> *hinterlässt keine eigenen Spuren.*

◆ **Fühlen:** Glück wird letztlich als Gefühl bewusst! Ohne fließende Beziehungen zur eigenen Gefühlswelt bleibt man sich fremd und schneidet sich von seiner Intuition ab. Nicht *aus* Leidenschaft, durchaus aber *mit* Leidenschaft soll man leben.

> ➢ *Wer seine Leidenschaften stutzt,*
> *schafft Triebe* (C. Regnier).

„Verkopfung" meint die einseitige Betonung der Verstandestätigkeit auf Kosten der die Einzelaspekte integrierenden Wesensmitte des Menschen. Das Ich als unabhängig operierender Geist ist noch immer ein verbreitetes Trugbild. Mit Recht wird in der jüngeren Literatur der Emotionale Quotient dem IQ an die Seite gestellt. Emotionen zu ignorieren oder zu unterdrücken macht krank.

Die Lehre vom Unbewussten eröffnete fruchtbare Ansätze in der Psychologie des Glücks. Das Ich ist zwar die zentrale präsente Bewusstseinsinsel, aber entscheidend ist das „Selbst", das als Zentrum des Unbewussten zur Verwirklichung drängt. Das Unbewusste ist nicht tot, aber oft lebendig begraben. Es ist das Verdienst der esoterischen Bewegung, den Weg in die Innerlichkeit und die Ausrichtung nach oben zu fördern. Traurig jedoch ist, dass Esoterik dabei logophob (geistfeindlich) wird. Sie ersetzt dann Reflexion durch Intuition, statt sie zu ergänzen.

☺ Viele Esoteriker stehen mit beiden Beinen fest in den Wolken. Amüsant bis bizarr sind esoterische Vorträge, in denen so oft von einer nach oben gerichteten Entwicklungsspirale die Rede ist, dass sich am Ende jeder wie ein Korkenzieher vorkommt.

◆ **Selbstverwirklichung** meint, in einem lebenslangen Prozess die Person zu werden, die zu werden man angelegt und bestimmt ist.

> *Jeder ist der Anlage nach eine neue Variante des Glücks*
> (L. Marcuse).

◆ **Vielseitigkeit** entsteht durch Offenheit für neue Erfahrungen. Für den Vielseitigen ist die Welt so komplex, dass er es ablehnt, seine gesamte Gestaltungskraft mit zu großer Ausschließlichkeit in nur einen kleinen Wirklichkeitsbereich zu investieren. (Zeitmanagement wird notwendig.) Der Mensch ist kein Bungalow, sondern vielstöckig.

◆ Beim **Handeln** zeigt sich der seelisch Gesunde als motiviert, optimistisch, kompetent und tatkräftig. Er weiß, dass es keinen bequemen Weg zum Glück gibt, und er entfaltet hartnäckig seine Talente. Der seelisch Gesunde kann berufliche und private Lebensziele unter einen Hut bringen. Wünsche und Sehnsüchte kann er aufschieben, aber nie aufgeben. Er lässt sich nicht von beruflichen Sachzwängen erdrücken.

> *Die sogenannten Pflichten beziehen ihre Heiligkeit aus*
> *einem Mangel an Mut im Kampf um ein Privatleben.*
> (H. Hesse)

Was tun?

Im Leben sind zwei Werke zu vollbringen: Das *äußere Werk* des Berufes und das *innere Werk* der Persönlichkeitsentwicklung. Nicht der Beruf ist das Werk des Menschen, sondern das ganze Leben ist das Werk, von dem der Beruf ein Teil ist. Das innere Werk der Persönlichkeitsentwicklung braucht nicht weniger Kraft und Zeit als das äußere Werk des Berufes.

16 Ethik

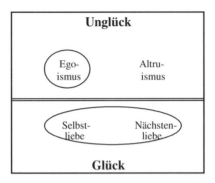

**Ein schlechter Mensch ist niemals glücklich,
auch wenn er Glück hat (Menander).**

Ethik und Glück haben sich nie besonders gut
vertragen. Wollen und Sollen beißen sich. Wer
hat schon Lust, Gutes zu tun, wenn er sich dabei
immer schlecht fühlt? Andererseits: Ist Glück ohne ethische Komponente denkbar? Sind nicht
meist die Fröhlichen auch die Guten? Das meiste
Böse wird nicht aus strahlender Überzeugung ge-
tan, sondern getrieben, gezwungen aus seelischen
Verbiegungen heraus. Besonders wohl fühlt sich
kein Bösewicht. Unrecht schadet auch dem, der es
anderen zufügt.

Das Ziel aller Ethik

Das Ziel sollte sein, das Glücksstreben eines jeden zu gewährleisten. Damit bedeutet Ethik ein recht umfangreiches Glück, nämlich jeweils auch das aller anderen. Ein ungerechtes Recht des Stärkeren würde ca. 10 Prozent der Menschen glücklich und 90 Prozent unglücklich machen. So ganz glücklich sind Tyrannen doch nicht: Trotz erlesenster Genüsse droht ihnen ständig die Gefahr von Attentaten (vergleiche Damokles-Schwert). Moral, Regeln und Disziplin mögen unangenehm sein, aber sie sind nötig, wenn das durchschnittliche Glücksniveau steigen soll. Auch für die Egoisten ist gegeneinander schlechter als miteinander. In der Anarchie, in der jeder sich gehen ließe, würden letztlich *alle* leiden. Frei kann man nur gemeinsam sein, und Glück gelingt besser in einer Umgebung aus Glücklichen. Eigentlich speist sich Moral aus dem Selbstverständlichen. Sie ist die logische Konsequenz und der natürliche Preis der Freiheit aller Menschen.

Letztbegründung der Moral

Moralisches Engagement ist meist religiös fundiert: Nur wer an einen höheren Sinn und eine Weiterexistenz glaubt, traut sich, sein Ego im Diesseits zu relativieren. Wozu edel sein und sich Mühe geben, wenn man ins Nichts krepiert? Solidarität entsteht im Umkreis einer Erlösungshoffnung. Die religiöse Orientierung ist das stärkste Motiv wertorientierten Handelns. Es gibt zwar auch rein innerweltlich begründete Ethiken, aber tragen sie wirklich?

> ➢ *Ein Humanismus, der nicht über sich selbst hinausweist,*
> *ist wie eine abgeschnittene Blume,*
> *man weiß nicht, wie lange sie hält* (G. Mann).

Sollen und Wollen

Das eigentliche Problem aller Moral ist die Kluft zwischen Sollen und Wollen: Das Gute wollen ist ja leichter als das Gute tun. Ursache ist die Selbstbefangenheit, die bei fast jedem Lebewesen zu finden ist und auch beim Menschen eine normale Naturkonstante darstellt (H. Kössler). Wie kommt man nun dazu, das Gute gern zu tun und nicht bloß „verkniffen" aus Pflichtgefühl und Gehorsam? Wenn die Tugend nicht glücklich macht, welchen Zweck hat sie dann? Die Lösung wäre, wenn das Tun des Guten noch im eigenen Glücksverlangen wurzeln würde. Genau dieses Phänomen gibt es: *Transsubjektivität* nennt man die Überwindung der spontanen Selbstbevorzugung (ein nettes Wort für Egoismus). Edle Menschen haben eine spontane Freude daran, anderen Gutes zu tun, auch dann, wenn sie selbst nichts davon haben. Solche Menschen strahlen dabei Echtheit aus, so dass Selbstbetrug ausgeschlossen erscheint.

> ➤ *Freude machen kann Freude machen.*

Die Freude lachenden Gönnens ist zwar nicht so schrill wie die Befriedigung ich-naher Triebe (Besitz, Sex, Macht), dafür geht sie tiefer und hält länger an: Glück als innere Genugtuung, richtig gehandelt zu haben.

> ➤ *Glücklich ist der, der glaubt, dass er es verdient hat.*

> ➤ *Man hat nicht mehr Anspruch auf Glück*
> *als man gewährt.*

Dass die Überwindung der Selbstbefangenheit als beglückend empfunden werden kann, ist biologisch so erstaunlich, dass man vom moralischen Paradox spricht. Für viele wirkt selbstüberschreitendes Wohlwollen töricht, in Wahrheit ist es *magisch* (H. Hesse) und Novalis geht noch weiter:

> ➤ *Liebe ist das Unum des Universums.*

Egoismus – Altruismus (s. obige Abbildung!)

Das Begriffspaar Egoismus-Altruismus ist unreif: Der Egoist bleibt um das Selbst kreisend, der Zirkel zum Du bleibt verschlossen. Auch der überzogene Altruist ist zu kritisieren: Er hat nie ein volles Ich besessen, was er hergeben könnte. Wie soll man Glück verschenken, wenn man nicht selbst darüber verfügt? Besser ist das Begriffspaar Selbst- und Nächstenliebe: Während Ego- und Altruismus unvereinbare Gegensätze sind, stellen Selbst- und Nächstenliebe die Pole der gleichen Einheit dar. Weil hier beide Größen wechselseitig verflochten sind, wachsen sie gleichzeitig miteinander. Glück wird dabei nicht aufgeteilt (= halbiert), sondern beide haben das Ganze – Selbstbereicherung durch Schenken.

> ➤ *Willst du Glück, so beglücke!*

Gewissen

oder moralisches Bewusstsein ist der Zentralbegriff der inneren Erlebnisseite der Moral. Gewissen als Intuition für Werte ist ein unableitbares Urphänomen, welches bei jedem Menschen fest als Anlage vorhanden, aber hinsichtlich des Ausbaus leicht störbar ist. Die Antenne für Werte kann man falsch ausrichten, verbiegen oder gar abbrechen. Das Gewissen besteht aus Wertfühlen und Werterkenntnis. Der Volksmund sagt, jemand handelt nach bestem Wissen und Gewissen. Nämlich das Wissen, was man soll, und das Wissen, *dass* man es soll. Neben rein intellektueller Einsicht gibt es das gefühlsmäßig verpflichtende Moment. Das eine ist ohne das andere blind.

☺ So soll es nicht sein:
Sein Gewissen war rein, er benutzte es nie (S. Lec).

17 Sinn und Transzendenz

> **Wenn einer existentiell nach dem Sinn fragt,
> dann hat er sich schon so weit aus dem
> Gleichgewicht gebracht, dass er gar nicht mehr
> ohne einen solchen leben kann (E. Biser).**

Glück und Sinn: Eine psychologische Untersuchung (Prof. R. Tausch, 1994) kam zu dem Ergebnis, dass geringe Lebenssinn-Empfindung einhergeht mit Selbst- und Fremdablehnung, mit Neurose und Aggression. Dagegen zeigte hohe Lebenssinn-Empfindung ausgeprägte Lebenszufriedenheit mit emotionaler Stabilität. Für tiefsinnige Menschen, die den Ernst der Wahrheit spüren, ist der Lebenssinn noch wichtiger als das Glück, bzw. Sinnerfahrung *ist* das große Glück. Bei solchen Menschen ist Glück nicht der Schlüssel zu einem sinnvollen Leben, sondern sein Ergebnis. Erst wenn sie wissen, *wofür* sie leben – nicht nur *wovon* – finden sie ihr Leben voll lebenswert. Sie wollen nicht nur Glück, sondern auch den letzten Grund dafür wissen.

Die Sinnfrage ist unabweisbar

Sie stellt sich automatisch, denn niemand kann sich von seiner Denkfähigkeit freimachen. Die Aussichtslosigkeit, die Frage klar zu beantworten, ist kein hinreichender Grund, sie nicht zu stellen. Der Indifferente, der die Sinnfrage verdrängt, erspart sich zwar die Mühe belastenden Suchens, muss sich aber den Vorwurf gefallen lassen, nicht den Mut zur Wahrheit zu haben. Das bloße Vielleicht einer großen Wahrheit ist Verpflichtung genug, danach zu suchen. Auch das Moto „no brain – no pain" lässt sich nur durchhalten, wenn man wirklich kein Hirn hat.

Die Sinnfrage zielt aufs Ganze

Der existentielle Mensch hat ein absolutes Glücksverlangen. Die Radikalität dieses Anspruchs ist verblüffend. Beschränktes Glück lässt er nicht gelten. Er gibt erst dann Ruhe, wenn er das Maximum erreicht hat. Aber findet er es? Schwerlich! Die Kluft zwischen Unabweisbarkeit und Lösbarkeit der „Mega"-Frage erscheint als Zumutung. Wer oder was hat ihn in die Welt gesetzt und einfach stehengelassen? Ohne vorher gefragt worden zu sein, findet er sich einfach vor. Als armseliger Zweibeiner, der schon Tausende von Jahren auf der Erde herumläuft, findet er nicht heraus, was er eigentlich soll. Durch Bewusstsein ist er das einzige Wesen, für das die Existenz zu einem Problem geworden ist. Wo also ist Heimat im Gewimmel von Anschauungen, in der Ungeborgenheit eines von Sorge, Angst und Tod bedrohten Daseins?

> ➢ *Dem Tierreich entsprungen,*
> *mit dem Wagnis der Bewusstheit ausgestattet,*
> *schaut der Mensch sich heimlich und scheu*
> *nach einem Ja des Seindürfens um* (M. Buber).

Der archimedische Punkt

Ist der archimedische Punkt deshalb nicht zu finden, weil er nicht von dieser Welt ist? Der Garant des letzten Glücks läge im Transzendenten, denn weltliche Angelpunkte wären vergänglich. Vielleicht ist das so gewollt: Die Struktur der Existenz lockt einen bis an den Punkt der Entscheidung: Der Mensch hat eine eingepflanzte absolute Glückssehnsucht, findet im Diesseits nichts Entsprechendes und steht dann vor der Möglichkeit, sie zu transzendieren, d.h. zu glauben, dass er an einer großen, sein Ich übersteigenden Ganzheit teilhat, in die er eingebettet ist, und dass er auf eine Mitte zentriert ist, die nicht ausschließlich die eigene ist. Des Autors Lieblingsspruch:

> ➢ *Wenn es einen Sinn gibt, dann ist er vollständig.*

Transzendenz

„Verkopfte" Menschen empfinden es als intellektuelle Zumutung, etwas zu glauben, was sie nicht sehen. Aber gibt es eine Alternative? Jedes Leben hat so viel Tragisches und Ergreifendes, dass es nur geführt werden kann, wenn die Hoffnung auf einen höheren Sinn da ist. Der Mensch erfährt sich als zutiefst erlösungsbedürftig. Für Zweifler bleibt die Frage offen, ein Patt. Vielleicht soll es so sein: In dieser Situation kann man nur noch sich selbst in die Waagschale werfen – Glaube als höchstpersönliche Freiheitstat. Kocht langfristig das Leben nicht jeden weich? Drängt es nicht zum Glauben? Im Großen und Ganzen scheint jeweils mehr Sehnsucht da zu sein, als der Verstand ad absurdum führen kann.

Wagnis

Das Wagnis des Gottesglaubens ist die entscheidende anthropologische Wende, die *völlige Umgewichtung des Daseins. Glaube ist das Sich-Loslassen ins unbegreifliche Geheimnis hinein* (K. Rahner). Für Skeptiker ist Glaube die Zumutung, die Unerkennbarkeit Gottes lebenslänglich auszuhalten. Wenn es wirklich einen guten Gott gäbe, dann wäre dies der unüberbietbare Gipfel des Glücks, fast zu schön, um wahr zu sein. Das gottlose Leben wäre die Lebenslüge schlechthin und das gottverbundene Leben wäre nicht Opium, sondern Dynamit, die Kraft, aus der sich das Leben untergründig nährt. Ein solcher Glaube wäre authentisch, nicht bloß vermittelt, nicht anämisch, sondern einer, der ins Leben eingezogen ist.

Der religiöse Raum ist der einzig passende Hintergrund, sich für Glück zu bedanken. Glück wäre nicht bloß ein evolutiver Trick, die Existenz durchzuhalten, sondern ein Reflex auf das Geschenk des Lebens: Glück als geschenkte Identität.

> ➤ *Nur ein Dankender ist ein Befreiter.*

Tatsächlich sind die meisten dank-bar – bar jeden Dankes. Man sollte dem Gerücht, Gott existiere, einmal eine Chance geben.

> ➤ *In dubio pro deo.*

☺ *Wer glaubt, dass er ein Christ wird,*
wenn er in die Kirche geht, irrt.
Man wird ja auch kein Auto,
wenn man in die Garage geht (A. Schweitzer).

18 Weg und Mut

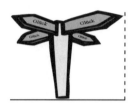

> **Glück ist ein Strom, kein stehendes Gewässer.**
>
> **Mut heißt, seiner Furcht gewachsen sein.**
> **(G. B. Shaw)**

Vita via est: Das Leben ist ein Weg. Das Unterwegssein ist eine Strukturdominante des Menschseins. Wachstum und Entfaltung sind Schlüsselbegriffe des Glücks. Diese Dynamik spiegelt sich in verbreiteten Volksweisheiten wider wie:

Wer rastet, rostet, oder: *Sich regen bringt Segen.* Glück ist mehr Vorgang als Zustand. Daraus ergibt sich, dass Glück weniger stabile Harmonie ist, sondern ein gekonntes Schwingen um eine Mittellage.
Die wichtigste Weg-Eigenschaft ist der Mut: Mutige gehen Wege weiter.

Weg

Selbstverwirklichung und Reifung sind Begriffe, die einen Prozess implizieren. Glück im Sinne eines gelingenden Lebens als Werdeprozess anzusehen, ist die zentrale Idee vieler psychologischer Schulen (bes. C. G. Jung) und Inhalt zahlreicher Sinnsprüche:

> ➤ *Leben ist kein Stilleben* (C. E. Foucauld).

> ➤ *Leben ist Werden. Sich für geworden halten heißt, sich töten* (Hebbel).

> ➤ *Leben heißt langsam geboren werden.*
> *Es wäre allzu bequem, fixfertige Seelen auszuleihen.*
> (A. de Saint-Exupéry)

> ➤ *Das Rad der Verwandlung darf nicht stillstehen, sonst fällt es um* (Graf Dürckheim).

Es ist falsch zu meinen, man habe nur dann Identität, wenn man immer der gleiche bleibt. Identität ist nicht Konstanz. Nur wer sich entwickelt, also verändert, bleibt sich treu. Bekannt ist der Spruch: ➤ *Der Weg ist das Ziel.*
Das heißt, man soll sich nicht erst am Ziel freuen, sondern schon unterwegs. Das ist mehr als Vorschein des Eigentlichen, mehr als bloßes Durchgangsstadium. Zwischenziele sind wichtig. Man soll also nicht direkt nach dem Höchsten, sondern nach dem nächst Höheren streben. Ist dies erreicht, geht es weiter.

> ➤ *Bevor du nach den Sternen greifst,*
> *greife erst nach den Wolken und dann nach dem Mond.*

Mut

Mut ist eine enorm glücksrelevante Eigenschaft.

> ➤ *Dem Mutigen hilft das Glück* (Terenz).
> ➤ *Glück macht Mut* (J. W. v. Goethe).

Der Wahlspruch der Aufklärung (1783) war: *Habe Mut, dich deines Verstandes zu bedienen!* Dem Mut sollte man eigentlich Priorität vor dem Verstand einräumen, denn zu oft brauchen Menschen aus Ängstlichkeit ihren Verstand nicht, obwohl sie einen haben. Bei vielen Tiefenpsychologen spielt der Mut eine zentrale Rolle: Für A. Adler war die *Ermutigung* das wichtigste therapeutische Instrument, und für J. Rattner bestand der Aufbau des Charakters in der Auseinandersetzung mit der eigenen *Ängstlichkeit*. Für H. de Balzac waren sämtliche menschliche Schwächen *in ihrem innersten Wesen Feigheit*. Vielleicht unterscheiden sich Menschen weniger in ihren Fähigkeiten als im Mut, sie zu gebrauchen.

Ein Missverständnis ist auszuräumen: Mut ist nicht Angstfreiheit, sondern Angstbewältigung. M.a.W.: Mut beseitigt nicht Angst, sondern ermöglicht, sie auszuhalten. Wer nie Ängste aushält, dem entgeht die Chance, Mut zu üben. Ohne Mutproben bleiben Kinder mutig wie ein Hase. Das Ausweichen vor Ängsten mag zwar vorübergehend entlasten, aber dennoch ist die Flucht nach vorn besser. Feigheit ist zwar nicht strafbar, wird aber vom Leben mitunter hart bestraft. Die Freude der Angstbewältigung ist größer als die Entlastung bei Vermeidung.

> ➤ *Der Sieg über die Angst ist auch ein Glücksgefühl,*
> *in dem ich mir nahe bin.*
> (R. Messner)

Risiko

Wer Tiefpunkte fürchtet, verpasst auch die Höhepunkte:

> *Wer wagt, gewinnt,* sagt der Volksmund.

Die Ängstlichen tarnen ihre Feigheit als Vorsicht:

> *Wer sich in die Gefahr begibt, kommt darin um.*

Letzteres trifft nur auf den Übermut zu, nicht auf den Mut zum kalkulierten Risiko. Zivilcourage (selten geworden) meint moralischen Mut, d. h. Werte hochzuhalten trotz möglicher Nachteile. Wie schlimm ist *Scheitern*? Es ist weniger schlimm hinzufallen als nicht wieder aufzustehen. Außergewöhnliches vollbringt nur der, der bereit ist, zu scheitern, und ein Rückschlag ist nur ein Test, ob jemand wirklich an sein Ziel glaubt. Menschen, die jedes Risiko scheuen, gehen das größte Risiko ein. Übrigens: Das Leben ist mehr als riskant: Es endet immer tödlich!

> *Wer etwas kämpft, könnte gewinnen.*
> *Wer gar nicht kämpft, hat schon verloren.*

Solange der Mensch strebt, irrt er. Aber er irrt sich empor! Irrtümer sind ironische Wegweiser zur Wahrheit.

> *Wer jeden Schritt allzu gründlich überlegt,*
> *wird sein Leben auf einem Bein verbringen* (A. de Mello).

Ein Guter Vorsatz für den Zögerlich-Ängstlichen lautet: *Trau dich, mehr als schiefgehen kann's nicht.* Vom Mut zum kalkulierten Risiko ist ein aufgesetzter Übermut abzugrenzen, der eher im Dienste des Geltungsdranges steht. Beim Übermut ist jemand zu feige, feige zu sein.

> *Wer seine Angst zugibt, muss viel Mut haben.*
> (S. Lessen)

☺ Mut: ➤ *Das Herz muss voller als die Hosen sein!*

19 Kreativität, Tatkraft und Gelassenheit

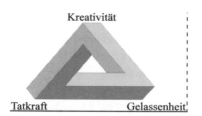

Kreativität

Tatkraft   Gelassenheit

Kämpfe mit Biss, aber nicht verbissen!

Häufig wird in Glückskonzepten einmal die Tatkraft, einmal die Gelassenheit favorisiert. Richtig jedoch erscheint der situationsabhängige Rhythmus zwischen begeisterter Tatkraft und weltüberlegener Gelassenheit. Als glücksfeindlich wird die abgesicherte, sich schonende Existenz eingestuft. Diese mag zwar bequem sein, aber mehr noch langweilig und leblos. Der Glückliche verausgabt sich gern.

Kreativität

Ohne sie wäre die Tatkraft blind. Schöpferisches gehört nicht nur in den Beruf, sondern genauso ins Leben. Es kommt nicht nur darauf an, was man weiß, sondern was einem im richtigen Moment einfällt. Kreativität korreliert nur locker mit Intelligenz. Es gibt Hochintelligente, die nicht besonders kreativ sind, andererseits braucht es einen IQ über 100, sonst hat man geniale Gedanken, ohne es zu merken.

Tatkraft

Handeln führt zu unmittelbarer Wirklichkeitsberührung und ist realer als dürre Überlegungen, die ja nur in Gedanken bestehen. Man sollte sich also trauen, die Sicherheit des passiven Zuschauers zu verlassen. Glück strengt zwar an, aber es beschenkt auch, indem eigene Kräfte zur Entfaltung kommen. Man lebt nicht, um sich zu schonen. Erhabene Ziele dürfen mühsame Wege haben. Kein Glücksgefühl ohne Selbsteinsatz.

> ➤ *Gegen den Strom schwimmen ist anstrengend,*
> *aber man schwimmt der Quelle entgegen.*
> ➤ *Es gibt keinen Fahrstuhl zum Glück.*
> *Man muss die Treppe nehmen* (P. Bosmans).

Leben ist Gabe *und* Aufgabe: Ein Ziel zu haben, ohne das ja die Tatkraft keinen Gegenstand hätte, hat sich als hochrelevanter Glücksfaktor erwiesen. Ein Ziel kann zur Vision werden, die wie ein Magnet wirkt. Wo ein Ziel ist, ist ein Wille, und wo ein Wille ist ...

> ➤ *Was der Mensch ist, ist er durch die Sache,*
> *die er sich zur seinen macht* (K. Jaspers).

Flow

Wer setzt die Ziele? Diese Frage hat sich als sehr glücksrelevant erwiesen. *Selbst*gesetzte Ziele werden motivierter und erfolgreicher realisiert und während der intensiven Tätigkeit durch das beglückende *Flow*-Gefühl belohnt. Dieser Begriff stammt von dem Psychologen M. Csikszentmihalyi: Man geht so sehr in der Tätigkeit auf, dass man in einen schwebeartigen Zustand gerät. Das kann bei fast jeder praktischen und theoretischen Tätigkeit auftreten, auch schon beim Lesen eines fesselnden Textes. Csikszentmihalyi nennt sich selbst motivierende Menschen autotelische (gr.: autos = selbst; telos = Ziel) Persönlichkeiten. Solche Menschen strengen sich gerne an. Für sie ist Selbstdisziplin Ausdruck geballter Lebendigkeit. Im Kampf mit Schwierigkeiten entfalten sie ihre Talente und erreichen ihre Ziele. In diesen Erfolgserlebnissen liegt ihr Glück eher als in sich schonender Bequemlichkeit.

Die Elemente der Tatkraft

sind Motivation und Wille, Planung und Zeitmanagement, Entschlossenheit, Ausdauer und Hartnäckigkeit.

◆ Besonders wichtig sind *Motivation und Wille*, die bei keinem großen Geist fehlen. Der bloße Wunsch dagegen ist ein Wille, der sich nicht ganz ernst nimmt. Ein Mensch mit schwachem Willen ist wie ein Korken im Ozean, von jeder Welle herumgerissen. Er ist Sklave des Willens anderer Menschen und der äußeren Umstände.

> ➤ *Nur was das Herz bewegt, setzt die Füße in Bewegung.*
> ➤ *Tatkraft entspringt eher einem unbeugsamen Willen als körperlichen Fähigkeiten* (M. Gandhi).

◆ *Planung und Zeiteinteilung*: siehe Buch III

◆ *Entschlossenheit* als umgesetzter Wille bewirkt den Übergang zur Tat. Der Entschluss zur Tat ist meist schwerer als die Tat selbst. Nachdem der Idee die Planung gefolgt ist, muss das Ergebnis ins Willenszentrum zurückkehren, welches den konkreten Einsatzbefehl erlässt. Die Motivationspsychologie nennt diesen Moment die „präaktionale Volitionsphase". Diese Sekunde entscheidet über Sieg oder Niederlage.

➢ *Denke immer daran, dass deine eigene Entschlossenheit,*
erfolgreich zu sein, wichtiger ist als alles andere.
(A. Lincoln)
➢ *Die schlimmste Art des Fehlstartes ist,*
wenn der Start fehlt.

◆ *Ausdauer und Hartnäckigkeit* sollen zu den meist unterschätzten Eigenschaften des Erfolgs zählen:

➢ *Die Hartnäckigen gewinnen*
die Schlachten (Napoleon (vor Waterloo?)).

Gelassenheit

Zu viel äußere Aktivität entfremdet den Menschen von seinem Wesenskern. Die Hoch-Zivilisationen brauchen als Gegenstück eine Kultur der Stille, die die aberwitzige Hektik in ihren Frieden bettet und die Herzmitte immer wieder neu zentriert. Und grundsätzlich: Es ist alles nur Stückwerk.

➢ *Das Tiefste, Beste kann man überhaupt*
nicht machen, es wird (R. Guardini).

20 Bildung und Klugheit

Bildung	Berufl. Ausbildung
Alles Wesentliche	Kleines Spezialgebiet
Vernunft	Verstand
Klugheit	Intelligenz
Werte	Technik
Kultur	Zivilisation
wertbewußt	zweckbewußt
Sein	Haben
Lebensqualität	Lebensstandard

> **Es ist nicht der Verstand, auf den es ankommt,**
> **sondern auf das, was ihn leitet.**
> **(F. Dostojewski)**

Die Errungenschaften der Kultur vererben sich nicht. Sie werden durch Erziehung immer wieder neu und persönlich vermittelt. Eine Bildungstradition ist damit zu begründen, dass ein jeder ganz von vorne anfangen muss. Wahrheiten sollen nicht für sich bleiben, sondern in den Köpfen präsent sein. Ob die Fähigkeit, sich zu bilden, ausschließlich als Inbegriff menschlicher Freiheit anzusehen ist (P. d. Mirandola, um 1480), mag übertrieben sein. Sicher jedoch ist das „Ins-Werk-Setzen-der-Wahrheit" (Aristoteles) eine besonders hohe Verwirklichungsform des Menschen.

Bildung

ist deutlich von beruflicher Ausbildung zu unterscheiden (s. Tabelle!) Was ist Bildung?

- Liebe zum Wesentlichen.
- Geistig-seelische Vervollkommnung.
- Die Fähigkeit, Werte zu erkennen und zu gewichten.

Bewusstsein, Denk- und Erkenntnisvermögen sind die evolutiv neuesten „Groß"-Instrumente. Damit gekonnt umzugehen ist zentrale Kunst des Menschseins. Unter diesem Aspekt hängen viele Autoren die Bedeutung von Bildung noch viel höher auf: Sie sei die entscheidende weltverändernde Kraft, die zusammen mit der Erziehung Priorität vor allen anderen technischen, ökonomischen, politischen, medialen und genetischen Errungenschaften haben sollte. Die stabile Bildungstradition ist mit ein Grund, warum Westeuropa seit einem halben Jahrhundert kriegsfrei ist. Das Großhirn ist zunehmend gewöhnt, sich gegenüber irrationalen, destruktiven Affekten durchzusetzen. Es wird gesprochen und nicht geschlagen.

Klugheit

ist mehr als Intelligenz und Verstand: Es kommt nämlich Übergeordnetes hinzu, das das Wissen richtig einordnet. Die Hierarchie der Wahrheiten wird von der Klugheit berücksichtigt und ist damit so fundamental, dass Th. v. Aquin sie den drei anderen Kardinal-Tugenden Gerechtigkeit, Tapferkeit und Maß voranstellte. Der Intelligente hat Wissen, der Gebildete auch *Ge*wissen. Der Gebildete ist glücklicher als der bloß Intelligente. Ethik müsste schulisches Pflichtfach für jeden werden und nicht bloß Ausweichfach für Religion.

> ➢ *Das Wesen des Glücks liegt im Erkennen des Wahren und Lieben des Guten* (H. v. St.Victor).

Vielwissen

Ein Akademiker ist noch lange nicht gebildet. Er hat nur einen 12-semestrigen „Gehirntrip" auf einem kleinen Gebiet hinter sich. Wie ein wandelndes Lexikon Wizzlipuzzlis aufsagen erzeugt bei weisen Menschen eher Belustigung als Bewunderung. Je mehr man weiß, desto wichtiger wird die Wertigkeit des Gewussten, denn beim Vielwissen steigt die Gefahr, dass das wirklich Wichtige in der Masse untergeht.

> ➤ *Nicht das viele Wissen tut's,*
> *sondern wissen etwas Gut's* (F. v. Logan).

Wie gliedert man Wissen an?

Je mehr ein Mensch weiß, desto leichter fällt ihm die Angliederung weiteren Wissens. Das Kleinere sieht am Größeren das, was es eben zu sehen vermag. Der Geist wächst wie eine Baumkrone durch Verästelungen. Wenn der „Baum des Geistes" ein bestimmtes Ausmaß an Verästelungen erreicht hat, unterhält sich der Geist von allein. Wer also einmal in sein Oberstübchen eingezogen ist, der wird nie wieder ausziehen. Wer dagegen nichts weiß, den macht auch nichts heiß. Besonders schöne Weisen, sich Fremdes anzueignen, sind Lesen und Reisen.

> ➤ *Vernunft annehmen kann niemand,*
> *der nicht schon welche hat* (M. v. Ebner-Eschenbach).

Motto des denkenden Drittels des 3. Jahrtausends:
LLL: life long learning und: *Train your brain.*

Erwachsenenbildung

flankiert in der westlichen Welt bei mittlerweile 20 Prozent der Menschen das tägliche Leben, Tendenz steigend. Immer mehr geistig Interessierte merken, dass Autodidaktik und einsames Bücherlesen Grenzen haben. Es braucht kreative Felder in Form offener Lerngemeinschaften. Um alle zu erreichen, müsste die Menschheit noch eine volle Entwicklungsstufe durchlaufen. Noch ist die Mehrheit eher „vegetativ als reflektiv" veranlagt und das Niveau der meisten TV-Sender zu flach. (☺ Die banale Talkshow: Hilfe, meine Mutter ist eine Frau!) Das Projekt *homo sapiens* steckt noch in den Kinderschuhen. Bildung stiftet teilweise mehr Identität als der Job, in dem sich viele wie ein ersetzbares Rädchen vorkommen. Der Raum der Freiheit beginnt erst da, wo die durch Sachzwänge bestimmte Arbeit aufhört. Bei der Erwachsenenbildung geht es weniger um berufliche Bildung als um die Entfaltung aller Anlagen des Menschen. Ziele sind personale Reife und verantwortliche Lebensgestaltung. Bildung braucht auch Mut, denn neues Wissen, das den Horizont sprengt, befremdet und verunsichert anfangs.

> ➤*Die eigentliche geistige Freiheit muss hartnäckig*
> *und mühsam errungen werden* (R. Guardini).

Wer eine geistige Leere verspürt, kann seinem Leben neuen Schwung geben, wenn er sich Bildungskreisen, Vorträgen und Büchern aussetzt. Dies muss eigeninitiativ und leidenschaftlich geschehen. Nur dann bildet es wirklich.

☺ Mittlerweile haben auch die Wirtschaftseliten erkannt, dass eine breite Bildung förderlich ist. Ohne sie reicht es für keine Schlüsselposition – außer zum Hausmeister.

21 Bejahung

Existenzbejahung transzendent
Selbst- u. Mitmenschbejahung psychologisch – moralisch
Annahme trotz Schatten psychologisch – moralisch

> **Unsere ursprüngliche Haltung zur Totalität der Wirklichkeit entscheidet über den Geschmack, den Welt und Leben für uns haben (Ortega y Gasset).**

Psychologischer Kern des Glücks ist die Selbstbejahung oder das Selbstwertgefühl. Mit Bejahung ist noch mehr gemeint, nämlich Alles. Die ganzheitliche Existenzbejahung ist meist metaphysisch fundiert und stiftet den stärksten Lebensmut. Innerweltliche Ansätze dagegen greifen alle zu kurz. Volle Bejahung korreliert mit dem Selbstwertgefühl und umgekehrt: Wer sich mag, findet auch das Leben wertvoll.

> ➢ *Wer in sich selbst zu Hause ist,*
> *der ist überall zu Hause.*

Existenzbejahung

Existenzbejahung ist das philosophische Pendant zum Urvertrauen der Psychologie. Es geht um das Vorzeichen vor dem gesamten Sein. Diese Einstellung ist so ursprünglich, dass sie vielen nicht bewusst ist. Es ist ein von vornherein bestehender Urglaube an die Wirklichkeit, ein globales Ja, das sich besonders unverbogen in der spontanen Daseinsfreude von Kindern erahnen lässt. Allgemeine Existenzbejahung ist der geistige Motor aller konstruktiven Lebensvollzüge, die *causa prima* des Lebenswillens schlechthin. Wer mit dieser Grundeinstellung lebt, für den leuchtet das Leben in Buntfarben, wer dagegen aus einem kategorischen Nein lebt, für den legt sich alles unter einen Grauschleier. Was wir erleben, verändert uns, was wir glauben, noch mehr. Dieser vorgreifende Akt der Zustimmung und Zuversicht ist mehr als eine rationale Risikoabschätzung und kann als *Daseins*-Glaube bezeichnet werden. Dessen Verlängerung könnte der *religiöse* Glaube sein. Die Religions-Psychologie macht plausibel, dass ein fehlendes religiöses Urvertrauen die tiefste Wurzel diffuser Lebensangst ist. Hierbei wirkt die Religiosität nicht direkt, sondern als stabilisierende Hintergrundskraft. Nur im Glauben an eine absolute Geborgenheit, in der Hoffnung, dass letztlich über allem ein Segen liegt, geht das Ja zum Leben „in die Vollen". Daraus nährt sich das, was früher Freudigkeit des Herzens oder Seelenfriede genannt wurde.

> ➢ *Geborgenheit im Letzten,*
> *gibt Gelassenheit im Vorletzten* (R. Guardini).

> ➢ *Mit einem Materialismus kommt man bis zum Mond,*
> *aber nicht in den Himmel* (F. Lauxmann).

Selbst- und Mitmenschenbejahung

Sich finden beginnt damit, sich erträglich zu finden. Es ist unmöglich, sich glücklich zu fühlen, wenn man sich selbst „meterlang zum Halse heraushängt". Eine Untersuchung von A. Campbell belegt, dass Zufriedenheit mit sich selbst noch wichtiger als Zufriedenheit mit dem Lebensstandard ist. Zu *heftige* Selbstbejahung gibt es freilich auch: Diese neigt zu Selbstidealisierung, Eitelkeit, Arroganz und Unfähigkeit zur Selbstkritik.

Die Wurzel des Selbstwertgefühls ist das frühkindliche Urvertrauen, welches die Mutter zuspiegelt. Das kleine Kind ist noch nicht glücklich, wenn es nur satt ist. Strahlendes Lachen kommt erst auf sein Gesicht, wenn die Mutter sich ihm zuwendet, es anlacht.

> ➢ *Mit einer liebevollen Erziehung kann man ein halbes Leben in einer kalten Welt auskommen* (Y. Ents).

Wo das frühe Urvertrauen nicht erwidert wurde, muss es durch gesellschaftliche Anerkennung und/oder durch die transzendente Dimension zurückerobert werden. Der religiöse Faktor des Selbstwertgefühls ist der stärkste, aber auch am schwersten erreichbar:

> ➢ *Wer zu sich selber nein sagt,*
> *kann zu Gott nicht ja sagen* (H. Hesse).

Andererseits kann man im Vertrauen, dass Gott einen mag, beschließen, sich selbst zu mögen. Eine gelungene Selbstliebe ist auch die Wurzel der Nächstenliebe, die zugleich irritiert, erstaunt und den Horizont erweitert: Liebe ist das umgesetzte Ja zur Existenz.

> ➢ *Nichts öffnet so die Augen wie der Mut zu lieben.*
> (U. Schaffer)

Der Schatten

ist die Summe der verdrängten schlechten Eigenschaften. Seinen Schatten auszublenden ist falsch, aber verständlich, da jeder sein Selbstbild verschönen will. Es gibt aber keine weißen Seelen, nur Grautöne. Man kann froh sein, wenn es ein heller Grauton ist.

> ➢ *Wer glaubt, gar keine Schwächen zu haben,*
> *hat eine mehr.*

Seine dunklen Seiten zu sehen und anzunehmen ist der Inbegriff des moralischen Problems:

> ➢ *Wer zugleich seinen Schatten und sein Licht wahrnimmt,*
> *sieht sich von zwei Seiten, und damit kommt er in die Mitte.*

(C. G. Jung)

Wenn man seinen Schatten verdrängt, ist dieser keineswegs verschwunden: Das unbeachtete Böse kriecht bei passender Gelegenheit aus seinem Seelenversteck und entlädt sich auf Sündenböcke. Wer Schwächen zugibt, wird die befreiende Erfahrung machen, dass er dabei auf mehr Wohlwollen stößt, als wenn er seine Fehler arrogant leugnet.

> ➢ *Einigen Leuten stehen ihre Fehler gut,*
> *andere sind mit ihren guten Eigenschaften unangenehm.*

(La Roche Foucauld)

Seine Schatten annehmen heißt nicht, eigene objektiv schlechte Eigenschaften gutzuheißen, sondern seinen Kern trotz der „Macken" zu akzeptieren. Indem man gnädig mit ihnen umgeht, lockern sie sich am ehesten. Hierbei soll man sich nicht überfordern: Moralisches Glück besteht weniger im Gutsein als im Besserwerden.

☺ Beruhigendes Sprüchlein:
Mut zur Unvollkommenheit
ist ein seelisches Gesundheitskriterium (A. Adler).

22 Optimismus und Humor

**Ich bin Optimist, weil die Alternative
so grässlich ist (P. Ustinov).**

Den Optimismus kennzeichnet die unmittelbare
Glücksfähigkeit durch Glücksbereitschaft. Durch
eine positive Voreinstellung werden Wahrneh-
mungen, Denken und Handeln günstig moduliert.

➢ *Der Pessimist sieht die Schwierigkeit in jeder
Gelegenheit, der Optimist sieht die Gelegenheit in
jeder Schwierigkeit* (L. P. Jacks).

Zur Bedeutung des Humors sagte
Heinz Rühmann: *Humor ist eine Sache,
die man gar nicht genug ernstnehmen kann.*

Der Optimismus-Mechanismus

Der Mechanismus des Optimismus besteht darin, dass er kreativ und aufgeschlossen macht. Er ermutigt und beflügelt. Der Pessimist dagegen setzt vor lauter Zweifel nur seine halbe Kraft ein und wird dadurch zum Pechvogel. Er scheitert nicht, weil er dumm oder inkompetent ist, sondern weil er halbherzig ist und zu schnell resigniert. Der Optimist ist der Optimierte hinsichtlich Kreativität und Einsatzfreude. Die hat der Pessimist auch, aber eben nur als schlummerndes Potential. Schon Epiktet vermutete, dass viele Menschen nur deshalb nicht glücklich sind, weil sie es nicht für möglich halten. Der Optimist liebt das Leben „auf gut Glück hin", und genau dadurch scheint er es besser zu erreichen. Optimismus ist eine Hochform von emotionaler Intelligenz. K. Popper empfiehlt Optimismus als Pflicht. Zwischenmenschlich wirkt Optimismus als gute Laune, die den Mitmenschen ansteckt und ihn durch Vertrauensvorschuss aufbaut. Der Pessimist schaut so verdrießlich aus, dass ein günstiges Echo tatsächlich unwahrscheinlich wird. Ein Graffiti-Spruch lautet:

> ➢ *Das Gesicht ist euch geschenkt,*
> *lachen müsst ihr selber!*

Dass das Entscheidende *vorher* in Kopf und Einstellung stattfindet, mögen folgende Spruchweisheiten unterlegen:

> ➢ *Lache (vorher), und die Welt lacht mit dir!*

> ➢ *Wenn das Glück anklopft, dann öffne.*
> *Warum jedoch soll es von vornherein vor einer*
> *geschlossenen Tür stehen?* (Weisheit der Sufis).

Positives Denken

Positives Denken ist eine bekannte mögliche Methode der Psychoregulation, um zu einer optimistischen Einstellung zu gelangen. Ein früher Pionier des positiven Denkens war der römische Kaiser Mark Aurel (170 n. Chr.):

> ➢ *Dein Lebensglück hängt von der*
> *Beschaffenheit deiner Gedanken ab.*

Tatsächlich können Stimmungen durch Gedanken modifiziert werden. Ein mit sanftem Zwang aufgesetztes Lächeln kann ein echtes einleiten.

Grenzen des positiven Denkens:
Die genetische Prägung des Temperamentes lässt sich nicht überspringen. Aus einem Griesgram kann schwerlich eine Frohnatur werden, er kann aber lernen, nach innen zu schmunzeln oder schwarzen Humor zu entwickeln. Die Stimmung schwankt naturgemäß wie Ebbe und Flut. Es wäre unnatürlich, sich zur permanenten Euphorie zu zwingen. Positives Denken verliert oder verdünnt sich, wenn es nicht von einer umfassenden Existenzbejahung getragen wird. Ferner darf positives Denken nicht illusorisch sein, wie es in ernüchternden Buchtiteln zum Ausdruck kommt:

> ➢ *Sorge dich nicht – schwebe! Wie sie mit positivem*
> *Denken kein Bein mehr auf die Erde kriegen.*

Nur dasjenige positive Denken ist daher gut, das auch die schlechten Seiten sieht, sich aber von den guten beflügeln lässt.

> ➢ *Betrachte möglichst die helle Seite der Dinge.*
> *Und wenn sie keine haben?*
> *Dann reibe die dunkle Seite, bis sie glänzt.*

Humor

Humor muss nicht als überschäumende Ausgelassenheit erscheinen, sondern eher als stilles inneres Lächeln, welches sich gerade in schwierigen, sorgenvollen oder ärgerlichen Situationen bewährt. Glücklich sein, wenn alles gut läuft, schaffen die meisten. Sich den Frohsinn zu erhalten trotz der Widerwärtigkeiten des Lebens ist die Kunst. Kein Geist kommt weit, dem der Sinn für Humor fehlt. Nur der Heitere ist der Meister seiner Seele.

> ➢ *Ein Mensch ohne Humor*
> *ist überhaupt kein Mensch* (B. Brecht).

Der Humor ist eine erworbene Eigenschaft reifer Persönlichkeiten, die die Spielarten des innerweltlichen Unglücks in souveräner Distanz transzendieren. Als könnte das popelige Alltags-Chaos die große Ordnung stören.

> ➢ *Im großen und ganzen meistert man das Leben*
> *lächelnd oder gar nicht* (östliche Weisheit).

Humor ist eher eine Gabe des Herzens als des Intellektes. Humoristen als Heilpraktiker der Seele reißen zum Lachen mit und entgiften im Gegensatz zum verletzenden Zynismus und Sarkasmus. Über dem Humor steht die theologische Hoffnung, deren Optimismus sich auf die Transzendenz gründet, in der das Leid der materiellen Welt aufgehoben ist.

> ➢ *Hoffnung ist – im Gegensatz zum Optimismus – nicht die*
> *Erwartung, dass alles gut ausgeht, sondern dass es einen*
> *Sinn hat – egal wie es ausgeht* (V. Havel).

☺ England überlegt,
auch endlich auf Rechtsverkehr umzustellen.
Aber zunächst nur für LKWs.

23 Pessimismus und Neurose

Dreh ihn!

> **Der Neurotiker läuft das ganze Leben seinen eigenen Ohrfeigen nach (A. Adler).**

Man kann einen relativ harmlosen Zweckpessimismus von einem glücksfeindlichen neurotischen Pessimismus unterscheiden: Während der Zweckpessimist sich nur vor Enttäuschungen schützen will, scheint der neurotische Pechvogel seine Missgeschicke unbewusst herbeizuführen, um weiterhin als lebendige Anklage durch die Welt zu laufen.

Die Zweckpessimisten

nehmen mögliche Enttäuschungen vorweg, damit es sie nicht umhaut, wenn diese tatsächlich eintreten. Sie erwarten wenig vom Glück und geben sich schnell zufrieden. Sie sind meist überversichert, da ihr Hauptziel die Vermeidung von Unglück ist. Die Panzerung schützt zwar, verhindert aber auch Höhenflüge. Wenn Pessimisten ihre schlummernden Talente ausbauen und sich aufraffen könnten, dann wären Pessimismus und zynische Verneinung ein Vorstadium der Reife, das tatsächlich bei vielen skeptischen Geistern zu finden ist.

Der neurotische Pessimist oder Pechvogel

macht das Unglück zu seiner persönlichen Eigenschaft. Irrationale Prägungen scheinen hier am Werk zu sein. Pechvögel ziehen so magisch Unglück an, dass der Verdacht aufkommen muss, sie arrangierten ihre Missgeschicke unbewusst selber. Viele Neurotiker fürchten den Erfolg, weil sie dadurch ins Gestrüpp des vollen Lebens gezogen würden. Daher ziehen sie, so widersinnig das erscheint, das Scheitern vor. Sartre nannte die Neurose *den Willen zum Scheitern*. Kleine Unpässlichkeiten dienen als Alibi für schlechte Laune und Nörgelei. Verschwindet ein Leiden, rutschen sofort andere nach, damit er weiter Gründe zum Rückzug vor der „bösen Welt" hat. So paradox es ist, Pechvögel fühlen sich am wohlsten, wenn sie etwas zu jammern haben. Wie glücklich sind sie, wenn sie zeigen können, dass es kein Glück gibt!

> ➤ *Es ist kein Wunder, ein Haar in der Suppe zu finden,*
> *wenn man immer den Kopf schüttelt.*

> ➤ *Hör auf, das Leben zu verneinen,*
> *sonst gibt es dir Grund dafür!*

Neurose

Neurose ist eine aus der Kindheit stammende gestörte Erlebnis- oder Konfliktverarbeitung. Dabei werden Bereiche der Lebenswirklichkeit als so bedrohlich empfunden, dass sie ausgeklammert und mit befremdlichen Reaktionen pariert werden.

Neurose lässt sich als schlecht geheilter seelischer Defekt auffassen. Das Leben ist zwar stabil und angstfrei, aber degeneriert zu einem verarmten, unflexiblen Schlupfwinkeldasein. Befremdliche Reaktionen sind der Oberbegriff für ein vielfältiges Geflecht von verzerrten Wahrnehmungs-, Denk- und Handlungsmustern. Nichts davon ist wirklich irre, nur quantitativ übertrieben. Die Übergänge von der Normalität zur Neurose sind fließend. Alle Konflikte sind real, nur ihre Verarbeitung ist verbogen.

Im Zentrum steht ein wackeliges Selbstwertgefühl: Die Lieblingsrolle des Neurotikers ist die „beleidigte Leberwurst". Selbst sachlichste Kritik ist Majestätsbeleidigung. Täglich werden aus Mücken Elefanten gemacht, die als Gründe für eigene tiefe Unzufriedenheit herhalten müssen. Er konstruiert gerne Dilemmata, weil er da in jedem möglichen Fall etwas zu jammern hat. Der ängstliche Neurotiker züchtet sich seine Problemchen, mit denen er sich wie mit Bauklötzchen beschäftigt. Hauptabwehrmechanismus ist die Vermeidung verunsichernder Situationen. Dies wird durch Kränklichkeit und durch Rationalisierung (= faule Ausreden) realisiert. Nach V. Frankl ist der Kern der Neurose die sture Selbstzentriertheit.

> ➤ *Ist das Neurotische das Böse?*
> *Nein, aber der Boden, auf dem es bestens gedeiht.*

Nachreifung

Circa 20 Prozent der Menschen werden als neurotisch eingeschätzt. Während 15 Prozent ihr auffälliges Verhalten noch als gepflegte Meise bezeichnen dürfen, besteht bei fünf Prozent echter Behandlungsbedarf. Neurotisches Verhalten kann man schwerlich ganz abbauen, die Grundmelodie des Charakters wird bleiben. Die groben Unwuchten jedoch können entschärft werden – eine Neigung ist ja noch kein Zwang. Freilich dauert die Änderung sehr lange, aber:

> ➤ *Steter Tropfen höhlt den Stein.*

Das Problem ist, dass Neurotiker Ängste (psychol. = Widerstände) überwinden müssen. Es ist ein trauriges Faktum, dass sie lieber mit ihrer Fehlhaltung weiterleben, als die angstbesetzte Durststrecke zu überwinden. Sie bleiben lieber in ihrem vertrauten Elend, als einen Schritt in eine andere Lebensweise hinein zu wagen. Ihnen genügt es, hin und wieder eine Portion Mitleid zu bekommen. Sie wollen nicht wirklich Hilfe, sondern suchen Bühne und Publikum für ihre Klagen. Manchmal hilft die spirituelle Dimension, tiefsitzende Komplexe zu lösen. Hierbei unterstützt der Glaube die Psychotherapie, ersetzt sie aber nicht. Schafft es der Neurotiker nachzureifen, darf er stolz auf sich sein. Tut der Neurotiker dagegen nicht, was er seiner Reifung schuldig ist, bleibt er sein eigener ewiger Feind, der lebenslänglich gegen den Wind spuckt. Ein guter Vorsatz:

> ➤ *Nicht gackern, Eier legen!*

☺ *Was tut ein Neurotiker? Er geht umher*
und wartet darauf, beleidigt zu werden (P. Ustinov).

24 Empirische Psychologie

1 **Selbstwertgefühl**
2 **Autonomie**
3 **Optimismus**
4 **Extroversion**
5 **Soziales Netz**
6 **Aufgabe**
7 **Religiosität**

Glück ist nicht allein Gegenstand theoretischer Philosophie, sondern auch Objekt empirischer Forschung. Der amerikanische Psychologe Ed Diener führte eine Langzeitstudie zur Glücksforschung unter 5000 (!) Erwachsenen durch. Bei der Auswertung 1995 kristallisierten sich sieben glücksrelevante Begriffe heraus (s. o.).

Forschungsergebnis

Das Forschungsergebnis von Ed Diener bestätigt annähernd, was in dieser Schrift als für das Glück bedeutsam erachtet wird. Die chronisch Glücklichen sind nicht die Reichen, Berühmten, Schönen, Intelligenten. Es mag zwar leichte Korrelationen mit dem Glück geben, aber nur locker und nicht zwingend. Mit dem Begriff „Extroversion" ist nach C. G. Jung eine Einstellung des Bewusstseins gemeint, bei der die psychische Energie besonders auf die Außenwelt gerichtet ist. Der extrovertierte Mensch ist offen, entgegenkommend, kann neue Beziehungen anknüpfen und sich in neue Situationen hineinfinden.

> ➤ *Das aktive Involviert-Sein ins Leben*
> *halte ich für den Schlüsselfaktor*
> *der glücklichen Persönlichkeit* (M. Fordyce).

Im Grunde eröffnet dieses Buch keine spektakulären Neuigkeiten. Scheinbar Neues ist in Wahrheit meist Altes in neuem Gewand. In einer Radiosendung beschrieb jemand den *homo felix*, den glücklichen Menschen, wie folgt:

Glücklich ist,

- wer sich und andere liebt (vgl. oben Punkt 1 und 5!),
- wer gerne arbeitet und Hobbies pflegt (4 u. 6),
- wer entfaltet, was in ihm angelegt ist (2),
- wer nicht aufgibt, wenn etwas schiefgeht, und das Beste aus jeder Situation macht (3),
- wer trotz aller Stürme vertraut (7).

Umsetzen

1. *Allgemeines*: Die Diskrepanz zwischen Theorie und Praxis ist jedem bekannt: Etwas kennen heißt noch nicht, dass man wirklich danach lebt.

> ➢ *Ein Lebemeister ist mehr als tausend Lesemeister.*
> (Meister Eckhart)

An dieser Stelle sind zwei Begriffe von Aristoteles hilfreich: *Sorge und Übung*: Glück als zentrales Lebensziel ist wichtigzunehmen. Es soll nicht allein vom Zufall abhängig sein. Sodann ist es praktisch zu üben, immer wieder, bis es zur wesenhaften Gewohnheit verinnerlicht ist.

> ➢ *O hätten alle, die gute Werke geschrieben haben,*
> *die Hälfte von diesem Guten getan,*
> *es stünde besser um die Welt* (H. v. Kleist).

Am Anfang steht die gute Frage: Was hindert mich eigentlich wirklich außer meiner eigenen Trägheit, Feigheit und meinem Egoismus? Geh los! Der Weg entsteht erst unter den Schritten, die ihn austreten. Sodann geht es nicht nur um den ersten Schritt, mit dem zugegeben jeder Weg von tausend Meilen beginnt, sondern genauso um immer wieder neue Aufbrüche. Ohne wiederholendes Üben fällt man in alte Gewohnheiten zurück. Vielleicht ist dieses „am Ball bleiben" noch wichtiger als der erste Schritt. Eine Pflanze wächst auch nicht durch einmaliges Gießen.

> ➢ *Wer sich nicht immer wieder bemüht, neu geboren zu*
> *werden, ist damit beschäftigt zu sterben* (B. Dylan).

2. *Glückstheorien:* Es kommt weniger darauf an, welches Glückskonzept genau zutrifft, als darauf, dass man sich selbst wirklich eines zu eigen macht.

3. *Glück nicht zu hoch ansetzen*: Die Diskrepanz zwischen idealem und realem Glück darf nicht zu groß werden. Wer alle Glücksregeln gleichzeitig und völlig umsetzen will, wird schnell unglücklich. Ein hohes Glücksniveau dauerhaft zu halten, ist ungewöhnlich und kein Normalzustand. (Ein Soziologe erkundete das Glück in den fünf Bereichen Einkommen, Wohnung, Bildung, soziale Beziehungen und Gesundheit. Nur 40 Prozent waren in allen Bereichen glücklich, 50 Prozent hatten eine und 10 Prozent mehr als eine Mangellage.) Man baue sein Glück in vielen kleinen Schritten, so wie ein Baum in Ringen wächst. Obwohl der Autor keinen der 23 vorgestellten Glücks-Aspekte für entbehrlich hält, versuchen sie nicht mehr als drei gleichzeitig umzusetzen.

4. *Glücksaufbau ist zweigleisig*: Unglücksvermeidung und Glücksaufbau sollten parallel laufen.

5. *Glück erscheint oft widersprüchlich:* Viele Bereiche im Leben sind als Gegensatzpaare angelegt. Diese Pole soll der Mensch nicht einseitig ausstechen, sondern es ist klüger, mit den Widersprüchen situativ angemessen zu leben. Passend ist das Bild des Seiltänzers, der ständig seine Balance sucht.

6. *Glücksgewinn durch Akzentverschiebung*: Der Weg ist das Ziel. Akzentverschiebungen laufen über Jahrzehnte: Vom Haben zum Sein, von der Lust zur Freude, vom Lebensstandard zur Lebensqualität, von der Ausbildung zur Allgemeinbildung, vom Geldgewinn zum Zeitgewinn, vom Wunschwillen zum wahren Willen. Glück ist ein Prozess!

☺ Umsetzen:
Der Verstand sagt *ja,* der ganze Mensch sagt *na ja.*
Es gibt keinen Weg – nur gehen.

25 Quintessenz?

Was ist Kern und was ist Schale? Trotz der Fülle an Glücksliteratur lässt sie sich auf ein Grundmuster zurückführen: Charakteristisch für jeden glücklichen Menschen ist die urtümliche Bejahung und das Wohlwollen gegenüber dem Sein, d.h. sich selbst, dem anderen und der Welt gegenüber.

Woher diese Bejahungskraft kommt, ist von nichts ableitbar, kann nicht bewiesen, sondern nur vertrauensvoll in einem quasi-religiösen Akt angenommen werden.

Wollte man die sieben glücksrelevanten Begriffe der empirischen Psychologie nochmals gewichten, so könnte man sagen: Wenn die Achse aus Religiosität (Ur-Bejahung) und Selbstwertgefühl (Selbst-Bejahung) im Lot ist, dann lagern sich recht zuverlässig die anderen fünf Faktoren an.

Religiosität verstanden als Glaube an die reale Existenz eines höheren Sinnes, der das Phänomen der Ur-Bejahung als Mysterium des Seins garantiert oder gar selbst ist.

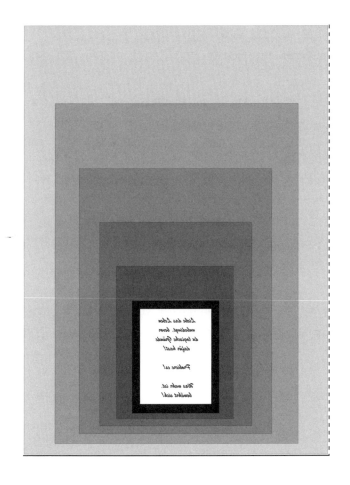

Weitere Einstiegs-Literatur zum Glück

Sekundarstufe II

◆ H. Krauß: „Glück", Grundkurs Ethik, Bayerischer Schulbuch Verlag
◆ Arbeitsgruppe Ethik: „Glück", Texte zum Ethik-Unterricht, Auer-Verlag

Allgemeine Einführungen

◆ W. Schneider: „Glück – Was ist das?"
◆ G. Höhler: „Das Glück – Analyse einer Sehnsucht"
◆ B. Grom, N. Brieskorn, G. Hauffner: „Glück – auf der Suche nach dem guten Leben"

Psychologischer Ansatz

◆ P. Mayring: „Psychologie des Glücks"
◆ M. Csikszentmihalyi: „Das Flow-Erlebnis"

Philosophischer Ansatz

◆ R. Winterswyl: „Das Glück – eine Spurensuche"

Bücher in Vorbereitung

- Glück und Heil (2003)
- Glück und seelische Gesundheit (200?)